周蓓 主編

『民國專題史』叢書

呂誠之 著

河南人民出版社

中國政體制度小史

詳細論述中國政體如何從部落酋長漸進爲專制君主，至民國時期施行民主共和政體的歷史進程

圖書在版編目(CIP)數據

中國政體制度小史 / 吕誠之著. —鄭州 : 河南人民出版社, 2016. 4(2017. 1 重印)
(民國專題史叢書 / 周蓓主編)
ISBN 978-7-215-10085-5

Ⅰ. ①中… Ⅱ. ①吕… Ⅲ. ①政治制度史-中國
Ⅳ. ①D69

中國版本圖書館 CIP 數據核字(2016)第 079656 號

河南人民出版社出版發行
(地址：鄭州市經五路 66 號　郵政編碼：450002　電話：65788063)
新華書店經銷　　河南新華印刷集團有限公司印刷
開本 710 毫米×1000 毫米　1/16　印張 7.25
字數 110 千字
2016 年 4 月第 1 版　　2017 年 1 月第 3 次印刷

定價 : 50.00 圓

出版前言

中國現代學術體系是在晚清西學東漸的大潮中逐步形成的。至民國初建，中央政治權威進一步分散和削弱，加之新文化運動帶給國人思想上的空前解放，新學的啓蒙，新知識分子的産生，民國學術如草長鶯飛，進入一個自由而蓬勃的時代。中國傳統學科乃中國學術之根基與菁華所在，民國學人采用『取今復古，别立新宗』之方法，引入西方的學術觀念，積極改造，使史學、文學等學科向現代學術方向轉型。此外，大力推介西方社會科學的新學科和自然科學，在學習、借鑒乃至移植西方現代學術話語和研究範式的過程中，逐漸建立中國現代學科，使中國的學科門類迅速擴展。一時間，新舊更迭，中西交流，百花齊放，萬壑争流，開創了中國現代學術的源頭。

伴隨知識轉型和研究範式轉換而來的，還有學術著作撰寫方式的創新。中國古代的著作向來以單篇流傳，經後人整理匯編後，方以成册成集的面目出現并持續傳播。直到十九世紀末，東西方的歷史編撰體裁不外乎多卷本的編年體、紀傳體和紀事本末體等，章節體的出現標志着近代西方學術規範的産生和新史學的興起。章節體具有依時間順序，按章節編排；因事立題，分篇綜論；既分門别類，又綜合通貫的特點。以章、節搭建起論述之框架，結構分明，邏輯清晰，較傳統的撰寫體裁容量大、系統性强。它的傳入，使中國現代學術體系從内容到形式被納入了全球化的軌道。民國時期專題史的研究、譯介、編纂、出版恰恰是在這樣的背景下欣欣而發，是學術的實驗場，也是歷史的記録儀。編選『民國專題史』叢書的初衷正是爲了從一個側面展示中國學術從傳統向現代過渡的歷史進程。

專題史是對一個學科歷史的總結，是學科入門的必備和學科研究的基礎，也是對一個時代艱深新鋭問題的解答，是學術研究的高點。民國專題史著作中，既包含通論某一學科全部或一時代（區域、國别）的變化過程的，又囊括對一時代或一問題作特殊研究的，還有少部分是對某一專題的史料進行收集的。原創與翻譯并重，翻譯的底本大多選擇該學科的代表著作或歐美大學普及教本，兼顧權威性和流行性，其中日本學者的論著占據了相當比重。日本與中國同屬東亞儒家文化圈，他們在接納西方學術思想和研究模式時，已作了某種消化與調適，從思維轉換的角度看，更便于中國借鑒和利用，他們的著作因而被時人廣泛引進。

與當代學術研究日趨專業化、專門化、專家化的『窄化』道路迥乎不同的是，中國傳統學術崇尚『學問主通不主專，貴通人不尚專家』的通識型治學門徑，處于過渡轉型期的民國學術在不同程度上保留了這種特徵。民國學術大師諸學科貫通一脉，上千年縱横捭闔之功力自不待冗言，外交家著倫理政治史、文學家著哲學史、化學家著戰争史等亦不乏其人，民國專題史研究呈現出開放、融通、跨界撰述的特點。與此同時必須看到，自晚清以來，中國的命運就在外侮屢犯、内亂頻仍的窘境中跌宕彷徨，民族存亡仿若命懸一綫。這股以創建學科、總結經驗、解决問題爲指歸的專題史出版風潮背後，包裹着民國學人企望以西學爲工具拯民族于衰微的探索精神，及以學術救亡的愛國之心。梁任公曾言：『史學者，學問之最博大而最切要者也，國民之明鏡也，愛國心之源泉也。』這種位卑未敢忘憂國的歷史使命感和國民意識是今人無法漠視和遺忘的。

『民國專題史』叢書收録的範圍包括現代各個學科，不僅限于人文社會科學，學科分類以《民國總書目》的分科爲標準，計有哲學、宗教、社會、政治、法律、軍事、經濟、文化、藝術、教育、語言文字、中國文學、外國文學、中國歷史、西方史、自然科學、醫學、工業、交通共19個學科門類。本叢書分輯整理出版，内不分科，單本發行，方便讀者按需索驥。既可作爲大專院校圖書館、學術研究機構館藏之必備資源，也可滿足個人研讀或興趣之收藏。

與目前市場已有的一些專題史叢書相比，『民國專題史』叢書具有規模大、學科全、選本精、原版影印的特點。本叢書選目首重作者的首創、權威和著作影響力，尤其注重選本的稀見性。所謂稀見，即建國後没有再版，且多數圖書館没有收藏，或即便有收藏，也是歸于非公開的珍本之列予以保存，普通讀者難以借閱。部分圖書雖有電子版，但作爲學術研究的經典原著讀本，紙質版本更利于記憶和研究之用。本叢書精揀版本最早、品相最佳的原版圖書作爲底本，因而還具有很高的版本收藏價值。

『民國專題史』的著作是民國學者對于那個時代諸問題之探究，往往有獨到之處，無論其資料、觀點短長得失如何，要之在中國現代學術史的構建與發展進程中，自有其開宗立論之地位。

提要

中國政體制度小史

此篇論我國政體如何由部落酋長，漸進爲專制君主，更一躍而躋於民主，說理精深，證據確鑿，與國體小史可稱二難。其中特別考據，如三皇五帝之爲誰，唐虞禪讓之眞相，共和傳說之歧異，蒙古運行之制度，我國民主思想之根原，近人以老子許行之說，附會無政府主義之謬誤等，無一不精切不移，言人之所不能言，而又爲人人之所欲言。

中國政體制度小史

政體可以分類，昔日所不知也。昔者習於一君專制之治，以爲國不可一日無君；旣集人而成國，則惟有立一君而衆皆受命焉斯矣。此由一君專制之治，行之旣久，而遂忘其朔。其實天下事無一蹴而成者。中國後世之政體，雖若一君專制之外，更無他途可出；而推原其始，出治之法，實亦不止一途；而古代之君主，與後世之君主，名雖同，其實亦迥異也。

政體之分類，至今日繁雜極矣。然推諸古代，固不如是。欲講古代之政體，吾謂亞里士多德之說，仍何用也。亞里士多德以治者之多少，分政體爲三：曰君主政體。以一人主治者也。曰貴族政體，以少數人主治者也。曰民主政體，以多數人主治者也。予謂眞以多數人主治之事甚少。所謂多數少數，亦就一階級言之耳。中國政體，於此三者，亦均有形迹可求。特其後君主之治獨存。而餘二者，遂消滅而不可見耳。今略述其事如下：

邃古之世，草木榛榛，鹿豕狉狉，所謂君長者，不知其果何情狀也。孟子載許行之言曰：「賢者與民並耕而食，饔飧而治。」此蓋邃古之俗[一]？猶烏桓大人，「各自畜牧營產，不相徭役」也[二]。此等君主。猶後世一村長耳。最初所謂君長者蓋如此[三]？

註㊀近人謂孟子「有爲神農之言者許行，」爲諸子託古之鐵證。意謂許行造作言語，託之神農也。然此實誤解。此神農二字，乃學派之名，非人名，其學即漢志所謂農家。漢志謂「鄙者爲之，以爲無所事聖王，欲使君臣並耕，」正指許行之說也，「有爲神農之言者，」爲當訓治。與漢書武紀「丞相綰奏所舉賢良方正，或治申，商，韓非，蘇秦，張儀之言，」句法相同。猶言有治農家之學者耳。許行所稱，蓋農家之說。而農家此言，則欲以遂古之治爲法。猶老子以鄰國相望，鷄犬之聲相聞，民至老死不相往來，爲至治之世也。㊁後漢書烏桓傳。㊂漢書西域傳：烏貪訾離國，戶四十一，口二百三十一，勝兵五十七人。狐胡國，戶五十五，口二百六十四，勝兵四十五人。此僅如今日之村落矣。

最初之君長　何自來邪？果如柳子厚之言：「假物者必爭，爭而不已，必就其能斷曲直者而聽命焉，其智而明者，所伏必衆，告之以直而不改，必痛之而後畏，由是君長刑政生焉。近者聚而爲羣。羣之分，其爭必大，大而後有兵有德。又有大者，衆羣之長，又就而聽命焉。是故有里胥而後有縣大夫，有縣大夫而後有諸侯，有諸侯而後有方伯連一，有方伯連一而後有天子」邪？非也。國之初，蓋原於氏族。氏族之長，固有權以治其衆。夫其所以治其衆者，乃由於親屬，非世所謂政治也。人類最初之結合，蓋以親屬爲限？然同處一地者，勢不能皆爲親屬。非親屬不能無爭。其和親者，亦有公共之事，勢不能無所聽命。其所聽者：或以德爲衆之所歸；或以智爲衆之所信；或其力爲衆之所懾；或則以小族聽命於大族，而大族之長，遂爲小族所尊：皆事所可有者也。此爲衆所聽命之人，其所治者，不以親屬爲限。凡同處於一地方者，皆受治焉。則始有土地人民，而其所代表者，遂爲國家之主權矣。

註

㈠封建論。

邃初之君主，或曰必帶神權性質，亦不盡然。以能行巫覡之事。而爲衆所歸仰者。固未必無人。然不必盡由乎此。大抵古人信教篤；而社會組織，亦統於一尊。祭所嚴事之神，或卽推統率之人主祭。又凡爲君主者，必係一族之長。祭其族中之神，彼固恒爲之主。後人不知其以爲君長故乃主祭，遂謂其以主祭故而爲君長矣。至於造作「感生」「受命」等說，以愚其民，則必國大民衆，君主尊嚴益甚，然後有之，非邃初所有也。

註

㈠見下。

遼初之君主，本無世襲之理。其所以變爲世襲者？則以部落之君，多係一族之長；一族之長，本自有其當襲之人。苟一部落中，諸族之尊事一族不變，則此一族中，繼爲族長之人，自亦仍爲部落之長；久之則成定法矣。此君位繼承，所以每與親族繼承，合而爲一也。亦有羣族所奉，出於公推，不必卽爲一族之長者，此卽選君之制。然人情恒私其子姓。所選者權力旣大，選之者不復能制，則毀壞舊法，以傳諸其所欲傳之人矣。後來蒙古之事卽是也。

吾國君主之可考者，始於三皇五帝[一]。三皇之爲何如人？其繼承之際何如？不可考矣[二]。五帝則據史記及大戴禮記[三]，實出一族。其世次未必可據[四]，而其統系或不盡誣。據此二書，圖其世系則如左：

黃帝 { 玄囂—蟜極—高辛—堯
　　 { 昌意—顓頊—窮蟬—敬康—句望—橋牛—瞽叟—舜

其中無一身相接者。昔人謂傳子之局定於禹，信不誣也。

註 ㈠參看附錄三皇五帝考。㈡大約非身相接。㈢帝嚳姓。㈣古書所謂某生某者，未必皆父子。

君位傳襲之法，據古書所載觀之，可分爲三：(一)同族相襲，世次無定者。如堯，舜，禹之相傳是。此制儒家稱爲傳賢，亦謂之禪。[二]其事究竟如何，殊難論定。今附錄予所作廣疑古一篇於後，以見予對此事之見解而已。「孔子曰：唐，虞禪，夏后，殷，周繼，其義一也。[三]」則繼與禪爲相對之稱。其中又分爲二：(一)

」父子相傳，（一）兄弟相及。[四]父子相傳之法，蓋定於夏[五]？至殷忽行相及之制。此非殷之變夏，古蓋自有此兩法也。春秋繁露云：「商質者主天，夏文者主地。主天者法商而王，故立嗣予子，篤母弟。主地法夏而王，故立嗣予孫，篤世子。[六]」公羊解詁云：「母弟，同母弟。母兄，同母兄。分別同母者，春秋變周之文，從殷之質；質家親親，明當厚異於羣公子也。[七]」大丁之死也，其弟外丙，仲壬繼立，皆短祚，乃立大丁之子大甲。沃甲之於祖丁也亦然。則商代相及，蓋以同母弟爲限。同母弟盡，則還立長兄之子。史記云：「自仲丁以來，廢適而更立諸弟子，弟子或爭，相代立。」此所謂適，兼指弟與子言。明弟與子各有其當立者也。春秋時，宋宣公舍其子殤公而立其弟穆公，穆公仍傳諸殤公。[八]宋因殷後。禮紀檀弓：「公儀仲子之喪，檀弓免焉。仲子舍其孫而立其子。檀弓曰：何居？我未之前聞也。趨而就子服伯子於門右。曰：仲子舍其孫而立其子，何也？伯子曰：仲子亦猶行古之道也。昔者文王舍伯邑考而立武王，微子舍其孫腯而立衍也。夫仲子亦由行古之道也。」微子殷人。子服伯子所謂古，蓋指殷言之也。又春秋時，吳謁，餘蔡，夷昧，季子四人，約以兄弟相及。夷昧死 僚以庶長卽位。謁子闔廬曰：「將從先君之命與？則國宜之季子者也。如不從先君之命與？則我宜立者也。僚惡得爲君乎？」遂弒僚而立：吳僻陋，蓋猶沿殷法？亦足證殷兄弟相及，以同母爲限也[九]。

註

❶禹父鯀，據大戴禮記及史記，亦顓頊子。❷其正字當作嬻。❸孟子萬章上篇。❹公羊莊三十二年，「魯一生一及。」解詁：「父死子繼曰生，兄死弟繼曰及。」案公羊此文，史記魯世家作「一繼一及。」❺夏除仲康及扃外。無兄弟相及者。圖見後。❻三代改制質文篇。❼隱公七年❽隱公三年。❾史記以僚爲夷昧子。案公羊載季子謂闔閭曰：「爾殺吾兄。」則史記誤也。世本以闔閭爲夷昧子。亦必誤。

(一)禹——(二)啓
- (三)太康
- (四)仲康—(五)相—(六)少康—(七)予—(八)槐—(九)芒—(十)泄
  - (十一)不降—(十四)孔甲—(十五)皋—(十六)發—(十七)履癸
  - (十二)扃——(十三)廑

- (一)成湯
  - 大丁
    - (四)太甲
      - (五)沃丁
      - (六)大庚
        - (七)小甲
        - (八)雍巳
        - (九)大戊
          - (十)中丁
          - (十一)外壬
          - (十二)河亶甲
            - (十三)祖乙
              - (十四)祖辛
                - (十六)祖丁
                  - (十八)陽甲
                  - (十九)盤庚
                  - (二〇)小辛
                  - (二一)小乙
                    - (二二)武丁
                      - (二三)祖庚
                      - (二四)祖甲
                        - (二五)廩辛
                        - (二六)庚丁
                          - (廿七)武乙
                            - (廿八)大丁
                              - (廿九)乙
                                - (三十)辛
              - (十五)沃甲
                - (十七)南庚
  - (二)外丙
  - (三)仲壬

立子之法，最爲普通。然亦有別，所欲立則立之，是爲「立愛，」一也。或論長幼，或論適庶，則有定分，二也。純乎立愛，於史無徵。惟「母愛子抱，」時時以此私情，破壞定制耳。立長立少，隨俗不同。吾國則多立長。「楚國之舉，恒在少者，」其特異者也。適庶之分，必在妻妾之別既嚴之後。其起於何時不可知。呂覽謂「紂母之生微子啓與仲衍也尚爲妾，已而爲妻而生紂。紂之父欲置微子啓，太史據法而爭之。」史記則謂「啓母賤不得嗣。」說雖不同，其有適庶之分則一。殷兄弟相及，而以同母爲限，蓋亦以嫡庶殊貴賤也。左昭二十六年，王子朝告諸侯之辭曰：「先王之命曰：王后無適，則擇立長。年鈞以德，德鈞以卜。王不立愛，公卿無私，古之制也。」襄三十一年，穆叔曰：「大子死，有母弟則立之。無則長立，年鈞擇賢，義鈞則卜。古之道也。」此所謂古，蓋皆指周之先世㊂。周制蓋兼取立適立長二義者也。爲後世所遵行。

註 ㊀左文元年。又昭十三年，叔向曰：「芊姓有亂，必季實立」蓋亦以定制如此，定亂者多依法擁立少者也，㊁當務，㊂王子朝所謂先王，必周之先世也。

以卜定繼嗣，古代多有之，檀弓：「石駘仲卒，無適子，有庶子六人。卜所以爲後者。」左昭十三：「楚共王無冢適，有寵子五人。無適立焉。乃大有事于羣望，而祈曰：請神擇于五人者，使主社稷。乃徧以璧見於羣望，曰：當璧而拜者，神所立也，誰敢違之？既乃與巴姬密埋璧於大室之庭，使五人齋而入拜。」定元年子家曰：「若立君，則有卿大夫士與守龜在，」皆是也。足徵此爲古代通行之法。然立君而謀諸卜筮，究爲不可恃之道。迷信甚深之世，守龜所示，庸或莫之敢違。至於天道遠，人道邇，爲衆所著知，則龜筮之從，有難戢其爭奪之心者矣。又義鈞則卜，必先之以年鈞擇賢；賢否固無一定；而異母之子，又可同時而生。實致爭亂之道也。故春秋所定之法，較周法尤嚴。公羊曰：「立適以長不以賢，立子以貴不以長。」解詁曰：「適，謂適夫人之子。尊無與敵，故以齒。子，謂左右媵及姪娣之子。位有貴賤，又防其同時而生，故以貴也。禮：適夫人無子，立右媵；右媵無子，立左媵。左媵無子，立嫡姪娣，嫡姪娣無子，立右媵姪娣，右媵姪娣無子，立左媵姪娣，質家親親，先立娣。文家尊尊，先立姪。嫡子有孫而死：質家親親，先立弟。文家尊尊，先立孫。其雙生也：質家据見，立先生。文家據本意，立後生。」凡可以致爭端者，無一不豫爲之防，其立法可謂密矣。隱四年，「衞人立晉。」公羊曰：「立者何？立者，不宜立也。其稱人何？衆立之之辭也。衆雖欲立之，其立之非也。」春秋之立君，主依法，不主從衆。以成法易循，衆意難見。且衆之所是，未必是也。

註㈠隱元年。

立子善乎？立弟善乎？曰：立子善矣。人之情不能無私。兄弟之親，不及父子。又兄弟之年恒相近，少者或無登位之望，不免爭奪相殺。魯桓公，宋太宗是也。立子以適不以適孰善？曰：立適善矣。古代夾輔，每資外戚。鄭忽以不昏於齊而敗，其明證也。立長善乎？立少善乎？曰：立長善矣。立長則君位早定，立少則必有季康子之事矣。

註㊀左哀三年。

古代君權，蓋甚微薄？然至後世則漸重。果以何因緣而至是乎？曰：其故有三。

（一）君脫離親族之關係，而成其為君。

（二）臣子之權漸削。

（三）君與教務漸疏，政務日親。

曷言乎君脫離親族之關係，而成爲君也？君主亦必爲一族中人；其對異族，雖論君臣之分；其對同族，仍有伯叔甥舅之親；其權力不得絕殊；而當君主幼冲，或昏庸時，族衆之權力，或且駕乎其上；亦勢也。然君主所治，不獨一族。使對同族之人，專論親族之關係，國法必爲之破壞。故國愈大，所轄之民愈衆。則其法愈嚴；而君主之親族，能與君主論親族之關係者卽愈少，縣子曰：「古者不降，上下各以其親。」可見自殷以前，君主與親族之關係，尙無異於恒人。至周則天子諸侯絕旁期，大夫降一等，以貴貴壓親親矣。文王世子曰：「族人不敢以其戚戚君。」郊特牲曰：「諸侯不敢祖天子，大夫不敢祖諸侯，」皆所以全乎其爲君也。方其始也，君臣之異，僅在幾微之間。故「君不與同姓同車，與異姓同車不同服。[二]」「唯名與器，不可以假人。[三]」及後世，則天澤之分既嚴，無藉此等虛文以爲別矣。

註　(一)檀弓。(二)坊記。(三)左成二年。

曷言乎臣子之權日削也？古代貴族，與君相去固近　卽貴臣亦非甚遠。[一]何則？君與臣本共治一事之人，其職雖有尊卑大小，其地位實非絕殊，理至易見，而亦事勢之自然也。[二]人之情，每易濫用其權力。君權大則下侵其臣，臣權大則上陵其君。求其各守分職，不相侵犯者，蓋不易得。古之所患，在臣上陵其君者多，君下侵其臣者少。[三]又居總攝之地者，侵削其下究較易。故君權日張，臣權日削也。古之所謂世臣者，其位蓋有所受之，非人君所得擅

去。故如周之周，召，齊之國，高，魯之三桓，鄭之七穆，無不世執政柄（四）。又臣與其君，亦可以論曲直。元咺與衛侯訟是也（五）。後世則無此事矣。臣非無上陵其君者，然特竊君之權而然，非其固有此權矣。

註

（一）燕義：「不以公卿爲賓，而以大夫爲賓，爲疑也，明嫌之義也。」（二）如今機關中之總理，與其下之屬員。○君臣係共治一事，而臣非其君之私人，在古代義本明白。墨子曰：「天子立，以其力爲未足，又選擇天下之賢可者，置之以爲三公。天子三公旣已立，以天下爲博大，遠國異土之民，是非利害之辨，不可一二而明知，故畫分萬國，立諸侯國君。諸侯國君旣已立，以其力爲未足，又選擇其國之賢可者，置立之以爲正長。」晏子曰：「君民者，豈以陵民？社稷是主。臣君者，豈爲其口實？社稷是養。故君爲社稷死則死之，爲社稷亡則亡之，若爲己死而爲己亡，非其私暱誰敢任之？」是其義矣。君臣之義，惟在君爲出命者，臣爲受命者，所謂「君能制命爲義，臣能受命爲信」也。又君當督責其臣，臣當受督責於其君。故曰：「事君者，先資其言，拜自獻其身，以成其信。故君有責於其臣，臣有死於其言。」君臣之義，不過如此。臣不曠其職守，君卽不容濫用威權。所謂「君使臣以禮，臣事君以忠」也。坊記曰：「事君大言入則望大利，小言入則望小利。故君子不以小言受大祿，不以大言受小祿。」燕義曰：「臣下竭力盡能，以立功於國，君必報之以爵祿。禮無不答，言上之不虛取於下也，上必明正道以道民，民道之而有功，然後取其十一。故上用足而下不匱也，是以上下和親而不相怨也，此君臣上下之大義也，」其報施之道，及彼此各有分職之義，可謂昭然明白矣。古禮亦有臣一似其君之私人者。如「君有疾飲藥，臣先嘗之；」「君適其臣，升自阼階」「君於臣，有取無假」等是。此由古代父至尊親，資於事父以事君，故有此禮。然「子之於親也，三諫而不聽，則號泣而隨之。爲人臣之禮，三諫而不聽，則逃之。」其可絕與不可絕，究有不同。且嘗藥等本非大臣之事也。臣之以身殉君者，非爲其私暱，則由意氣相得。此由朋友之相許以死耳。古朋友本有以死相許者也。假樂之詩曰：「之綱之紀，燕及朋友。」毛傳曰：「朋友，君臣也。」君臣以職守論，則猶同寮；以交誼論，則由朋友矣。秦穆公與三良飲酒而樂曰：「生共此樂，死共此哀。」三人者皆許諾。穆公死，三人皆自殺以殉之。此君臣之以意氣相死者也。㊁此由古代事勢。與後世不同。讀墨子尙同篇，可以見之。蓋專制大甚固爲患，而分裂大甚，是非無準，紛爭莫爲之平，其爲患尤甚也。孔子曰：「天無二日。民無二王。嘗禘郊社，尊無二上，」凡事皆欲定一尊以息紛爭，蓋不獨君臣之義然矣。社會思想如此，君臣之義自日昌。左襄二十年，甯惠子疾，召悼子曰。吾得罪於君，悔而無及也。名藏在諸侯之策，曰：孫「衞林父甯殖出其君。」入則掩之。若能掩之，則吾子也。若不能。猶有鬼神，吾有餒而已。不來食矣」此等悔心，皆君臣之義之昌明，有以使之然也。

此事於君權之張，所關實大。㈣世臣與國家休戚，相關甚大。故孟子曰：「所謂故國者，非謂有喬木之謂也，有世臣之謂也。」「然其弊也，『政由甯氏，祭則寡人。』」又其甚者，則「萬乘之國，弒其君者，必千乘之家。千乘之國，弒其君者，必百乘之家；」不奪不饜矣。㈤左襄二十八年。

曷言乎君與教務日疏，政務日親也？邃古之世，政教不分；其或分殊，教務亦重於政務。故爲人君者，往往躬攬神教之大權，而政務則不屑措意。世殊時異，主教者僅存虛號，秉政者實有大權。此西藏之第巴，所以非達賴所能制也。古代君人之學，首重無爲。所謂無爲，在後來言之，固非不事事之義。然其初義，則恐正如此。孔子曰：「爲政以德，譬如北辰，居其所，而衆星拱之。」此謂爲人君者，當法昊天上帝也。古者天有六。青，赤，黃，白，黑五帝，各有所職。惟昊天上帝，則無所事事。所謂「天立五帝以爲相」也。無爲初義，蓋實如此。後乃以他義釋之耳。禮運曰：「宗祝在廟，三公在朝，三老在學。王前巫而後史；卜筮瞽侑，皆在左右。王中，心無爲也，以守至正。」此則儼然入定之僧矣。此等人焉能躬攬政務哉？禮運所述，蓋王居明堂之禮，遂古之制也。逮於後世，則「一日二日萬幾，」人君於政務，無所不親攬，其權力亦非古代比矣。

註㊀第巴，官名。清時西藏叛變之事，皆第巴桑結爲之，讀魏源聖武記可見。

以上三端，皆君權之所由演進也。此等不能確指其在何時，并無從鑿指某事某事以實之。特合前後事迹觀之，則其理如此耳。

神教之力，頗足以限制君權。表記曰：「唯天子，受命於天。士受命於君。故君命順，則臣有順命。君命逆，則臣有逆命。」猶西方政教分離以前，教權出於君權之上也。臨之以天，爲君者卽不容自恣。兩漢之世，遇日食災變，則下詔責躬求言；又或策免三公，猶存此意。魏晉以後，老莊之學大行，人皆崇尙自然，而此意亡矣。然神教能限制君權，亦能輔助君權。後世所謂天子者，特謂事天如父，而天亦視之如子而已，古代則不然。詩稱后稷之生，由姜嫄履巨人迹；契之生，由簡狄吞燕卵，是謂「感生」。感生者，感天而生，蓋誠以爲天帝之子也。如是，則帝王之種，自與人殊矣。受命二字，在後世亦成空言。古代則又不然。召誥曰：「皇天上帝，改厥元子，茲大邦殷之命。」又曰：「今天其命哲，命吉凶，命歷年。」「王其德之用，祈天永命。」蓋誠以爲一姓之王天下，實天之歷數使然。故有卜世卜年之舉。而周德雖衰，王孫滿猶以「天命未改，」折楚莊之間鼎也。不寗惟是，有大功德者，經一再傳之附會，而其人遂介於人與神之間。開國之祖，太率有功德者也，本易爲人所追慕，所傳述；況復加之以其子孫之崇奉，用配天等禮，昭示於衆乎？其爲萬民所歸仰，宜矣。有盛德者必百世祀。祖宗之聲名，固亦足以大庇其後嗣也。後世所謂攝政者，特代行君主之事耳，其人則猶居臣位也。古代則不然。明堂位曰：「昔者周公朝諸侯於明堂之位，天子負斧依南鄉而立。」注：「天子，周公也。」又曰：「武王崩，成王幼，周公踐天子之位，以治天下。」此與清末朝會，溥儀居位，載灃斜身恭扶者大異矣。公羊隱四年，「隱曰：吾使脩塗裘，吾將老焉。」何君曰：「將老焉者，將辟桓，居之以自終也。故南面之君，勢不可復爲臣，故云爾。」孟子萬章篇：「咸丘蒙問曰；語云：盛德之士，君不得而臣，父不得而子。舜南面而立，堯師諸侯北面而朝之，瞽瞍亦北面而朝之。舜見瞽瞍，其容有蹙。」孟子曰：此非君子之言，齊東野人之語也。」衡以何君之說，謂堯北面而朝固非，謂舜南面而立則是矣。然則攝政者，特有期限，期滿當退，爲異於眞君耳。執此義以推之，則似古代嗣君服喪之時，其位皆由他人攝代。論語憲問：「子張問曰：書云：高宗諒陰，三年不言，何謂也？子曰：何必高宗？古之人皆然，君薨，百官總己，以聽於冢宰，三年。」然則三年之中，嗣君本不自為政。故伊尹可放太甲於桐也。書無逸曰：「高宗亮陰，三年不言。其惟不言，言乃雍。」論語學而：「子曰：父在觀其志，父歿觀其行。三年無改於父之道，可謂孝矣。」三年無改於父之道，蓋謂三年喪畢，所行克肖其先君，即「其惟不言言乃雍」之謂也。坊記曰：「升自客階，受弔於賓位，教民追孝也。未歿喪，不稱君，示民不爭也。」蓋古人居喪，一切不事事，故嗣君亦然也。君而可以三年不事事，可見是時君位所繫，未若後世之重。君位而可以他人攝代三年，可見是時君臣相去之不甚遠矣。

註

㊀書大誥之「王若曰」王肅以為成王，鄭玄以為周公。

古代政體之奇異者，莫如共和。史記周本紀云：「厲王暴虐侈傲

，國人謗王。王怒，得衞巫，使監謗者。以告則殺之。國人莫敢言，道路以目。乃相與畔，襲王。王奔於彘。太子靜，匿召公家。國人圍之。召公曰：昔吾驟諫王，王不從，以及此難也。今殺王太子，王其以我爲讎而懟怨乎？乃以其子代王太子。太子竟得脫。召公，周公二相行政，號曰共和。共和十四年，厲王死於彘。太子靜長於召公家。二相乃共立之。是爲宣王。」是周之無君者，十有四年也。案國本非君所獨治；特後世君權重；人臣之位，皆受之於君，無君，則臣莫能自安其位。又視君位嚴；君之職，莫敢輕於攝代；故不可一日無君。若古代；則君臣共治其國之義尙明：臣之位亦多有所受之，非人君所能任意予奪；君權旣小，則一國之政，必待人君措置者較少；人臣攝代其君，亦視爲當然，而其顧慮，不如後世之甚；則無君自屬無妨。左襄十四年，衛獻公出奔「衛人立公孫剽。孫林父，甯殖相之，以聽命於諸侯。此雖立君，實權皆在二相，亦猶周召之共和行政也。然究猶立一公孫剽。若魯昭公之出奔，則魯亦並不立君也。然則此等事，古代必尙不乏；特書闕有間，不盡傳於後耳。韋昭釋共和曰：「公卿相與和而修政事。」可見無君而不亂，實由百官之克舉其職也。[二]

註

(一)晉惠公之爲秦所禽也，「使郤缺告瑕呂飴甥，且召之，子金教之言曰：朝國人，而以君命賞。且告之曰：孤雖歸。辱社稷矣。其卜貳圉也。衆皆哭。呂甥曰：君亡之不恤，而羣臣是憂，惠之至也。將若君何？衆曰：何爲而可對曰：征繕以輔孺子。諸侯聞之，喪君有君。羣臣輯睦，甲兵益多。好我者勸，惡我者懼。庶有益乎？」可見喪君無君者，當時亦不乏也。㊁汲冢紀年及魯連子。以共和爲共伯和行天子之事其說不足信。已見史記正義。案左昭二十六年，王子朝告諸侯之辭曰：「至于厲王，王心厲虐。萬民弗忍，居王於彘諸侯釋位，以開王政。宣王有志，而後效官。」紀年及魯連子，蓋因此僞造。其實所謂諸侯釋位者，諸侯卽指周召等言。◯近人或曰：中國歷代，有暴民革命。無市民革命。有之者惟共和一役耳。案此役逐厲王者爲國人。古代所謂國人，實國之楨幹，而與野人異其階級者也。參看松撰階級小史自明。

後世革命之人有六：曰宗室（一），曰外戚（二），曰權臣（三），曰軍人（四），曰女主（五），此皆舊朝之戚屬，或其所委任，仍帶舊性質。惟起於草野之羣盜，乃可稱眞革命耳。其以異族入主中國者，則性質又異，不能以革命論矣。

註 ㈠若齊明帝，明成祖。㈡若王莽，隋文帝。㈢若魏，晉，劉宋。㈣若梁太祖。宋太祖。㈤唐武后。漢呂后僅臨朝稱制。

歷代之革命，有自外而入者，有卽行之於內者。行之於內者，又可分爲二：（一）本係在內之權臣，如王莽是。（二）則在外之強臣或軍人，入據中央政府，如曹操，劉裕是。大抵內重之世，革易多在中朝。外重或內外俱輕之世，則或起於外而傾覆舊政府；或先入據舊政府，造成內重之局，而後行革易之事焉。以王步雖改，朝市不驚論，則起於內者爲優。然以除舊布新論，則起於外者，爲力較大也。

秦以後之革命，大率如此。然秦漢之際之革易，外觀雖同，而其實大異。此役也，實政體轉變之關鍵，不容與其餘諸役，等量齊觀也。何也？自周以前之革命，皆以諸侯滅天子。此役則亡秦者皆起於草野，無尺土一民。一也。當時紛紛而起者，六國之後，若六國將相之後，皆無成功。卒登帝位者，乃一貧賤無行之劉季。其將相，亦多貧賤無賴之徒。二也。故此役，實開平民革命之局。自此以後，遂人人可登帝位矣。參看階級小史自明。貴族之權力，及神教限制君權之力，經漢世乃剗削淨盡。故秦漢之世，實古今轉變之大關鍵也。漢初，內任外戚，外任宗室，前篇已言之。漢世之任宗室外戚，與後世不同。後世委任宗支，徒成虛語。漢世則誠有「廣疆庶孽，以鎮撫四海，藩衞天子」之意。當時所封同姓，「跨郡五六，連城數十。」尾大不掉之勢，顯然易見。然初不以爲慮者？以封建同姓，爲當然之道也。漢初卽有呂氏之禍，而元帝以後，任用外戚如故。前漢亡於王莽，而後漢之世，任用外戚如故。不特此也，哀帝去王氏，所以代之者，則外家丁氏及祖母族傅氏也。後漢外戚，殆無善終者。然一外戚去，一外戚復繼之。此何故哉？亦以任用外戚，爲當然之道也。凡一種制度，未至廢棄時，雖或不善，人恒以爲行此制者之不善，而不以爲此制度之不善。卽明知制度不善，亦必以爲無可知何之事：旣不容廢，又無可以代之者。如君主專制之世，去一君必更立一君是也。陳平謂「項王所任愛，非諸項，卽妻之昆弟。」知項氏苟得天下，其封建子弟、任用外戚，亦必無以異於劉氏矣。

此固非一二人之所爲，而其時代思想爲之也。自魏晉以後，則情勢大異矣。

趙氏翼曰：「上古之時，人之視天甚近，迨人事繁興，情僞日起，遂與天日遠一日。以六經論：易最先出，所言皆天道。尙書次之。洪范一篇，備言五福六極之徵。其他詔誥，亦無不以惠迪，從逆爲吉凶。至詩，禮，樂盛於商周，則已多詳人事，而天人相應之理畧焉。如正月繁霜諸作，不一二見也。惟春秋記人事，兼記天變，蓋猶是三代以來記載之古法，非孔子所創也。戰國紛爭，詐力相尙。至於暴秦，天理幾於滅絕。漢興，董仲舒治公羊春秋，始推陰陽，爲儒者宗。宣元之後，劉向治穀梁，數其禍福，傳以洪範，而後天之與人，又漸覺親切。觀五行志所載天象，每一變必驗一事，推既往以占將來。雖其中不免附會，然亦非盡空言也。昌邑王為帝，無道。數出微行。夏侯勝諫曰：久陰不雨，臣下有謀上者。時霍光方與張安世謀廢立，疑安世漏言。安世實未言。乃召問勝。勝對：洪範五行傳云：皇之不極，厥罰常陰，時則有下人謀上者。光、安世大驚。宣帝將祠昭帝廟。旄頭劍落泥中，刃向乘輿。帝令梁丘賀筮之，云有兵謀，不吉。上乃還，果有任宣子章匿廟間，欲俟上至為逆。事發，伏誅。京房以易六十四卦，更直日用事，以風雨寒溫為候，各有占驗。每先上疏言其將然。近者或數月，遠或一歲，無不屢中。翼奉以成帝獨親異姓之臣，為陰氣太盛。極陰生陽，恐反有火災。未幾，孝武園白鶴館火。是漢儒之言天者，實有驗於人。故諸上疏者，皆言之深切著明，無復忌諱。而其時人君，亦多遇災而懼。如成帝以災異，用翟方進言，遂出寵臣張放於外，賜蕭望之爵，登用周堪爲諫大夫，又因何武言，擢用辛慶忌。哀帝亦因災異，用鮑宣言，召用彭宣，孔光，何武，而罷孫寵，息夫躬等。其視天，猶有影響相應之理，故應之以實不以文。降及後世，機智競興，權術是尙。一若天下事，皆可以人力致而天無權。卽有志圖治者，亦徒詳其法制禁令，爲人事之防，而無復求端於天之意。故自漢以後，無復援災異以規時政者。間或日食求言，亦祗奉行故事。而人情意見，但覺天自天，人自人，空虛寥廓，與人無涉」云云。愚案吾國迷信之衰，實緣魏晉時玄學盛行而然。而魏晉玄學之興，又根於東漢古學之盛。蓋今學多傳微言大義，古學偏重名物訓詁。

重名物訓詁者，偏於考據，注重實事，迷信自然漸衰也。故東西漢之間，實古今風氣之一大轉捩也。風氣變而制度隨之矣。

註㊀愚案此非其言果有徵驗，正由當時迷信者多，故神其說耳。故觀何時詭異之說，徵驗之多。便可知其時迷信之盛。左氏一書，載災祥占驗之說最多，亦同此理。㊁廿二史劄記卷二漢儒言災異。又漢重日食，漢詔多懼詞兩條，可以參看。

藉神教以惑人者，歷代未嘗無之。然無一能成事者。如漢之張角，張魯，晉之孫恩，近代之白蓮教，天理教等是也。洪秀全若但言逐滿復漢，未始不足號召。乃必模放天主教，則適足以自亡矣。蓋吾國之民，信教之心素淡。故借資神教，僅足扇惑最愚之民。不必智者，凡普通人卽皆不之信。其所能鼓動者，在一國中實居最少數也。

神敎之權既破，稍足限制君權者，乃在社會遺習，人倫日用之間。卽國民共視爲當行之道者是也。日本織田萬曰：「崇古之風，爲支那民族之特質。遺訓舊制，改廢尤難。苟或反之，卽爲大戾，歷朝革命，非革古法、舊習，乃裁制破壞古法、舊習者耳。」其言亦殊有理。蓋一國之民，不能無所信守。他國之民，所視爲應守之道者，出於神敎所啓牖。而吾國之民，所視爲應守之道者，出於古訓之昭垂。其所守異，而其有所守則同。守之固，則皆足以禁人之破壞耳。

註㊀清國行政法第一編第一章。

漢代君權，尚有受限制者一事，相權之重是也。亦至東京漸變，至魏晉之世而大壞。此事須參考官制乃能明之。魏晉而後，君主之權力大張。古訓及社會遺習而外，幾無足以限制之者。而盜竊其權者，則歷代皆有。權奸，宵小，女謁，宦寺是也。此乃依附君主而行，非法賦之權，足與君主相抗也。於政體無關係。

所謂民主政體者，謂凡事不容決之以一人，幷不容決之以少數人，而必決之以多數人耳。此則議事之初，本係如此。雖甚桀驁，能令衆人服從其議者有之矣；使衆人懾其威而不敢言，止矣。謂公共之事，衆人本不當與，惟一人或少數人尸之，此非積漸，必不能致也。故民主政體者，乃政之初制也。吾國所以無之者？則以地勢便於統一，世愈降國土愈廣，集衆而議，勢所不行。貴族專制，則較君主專制尤惡，故君主削貴族之權，人民實陰相之。遂至舉一國之權，而奉諸一人耳。

註㈠其所謂多數，以全國言之，實非多數，又是一事。

民主政體，於古有徵乎？曰：有。坊記引詩曰：「先民有言，詢于芻蕘。」鄭注曰：「先民，謂上古之君也。言古之人君，將有政教，必謀之於庶民乃施之。」案繁露有六十四民，爲上古無名號之君。書甫刑：「苗民弗用靈。」鄭注亦以爲「有苗之君。」則此先民釋爲人君，義自可通。此最古之世，人民之得以參與政事者也。然僅言其事，未詳其制也。詳其制者，莫如周官。周官小司寇之職：「掌外朝之政，以致萬民而詢焉。一曰詢國危，二曰詢國遷，三曰詢立君。其位：王南向。三公及州長百姓北面。羣臣。西面，羣吏。東面。小司寇擯以敘進而問焉。以衆輔志而弊謀。」周官雖虛擬之書，亦必有所依據。試徵之他書：左氏定公八年，「衞侯欲叛晉，朝國人，使王孫賈問焉。」哀公元年，「吳之入禁也，使召陳懷公。懷公朝國人而問焉。」則周官所謂詢國危者也。書盤庚上：「王命衆悉造於庭，」孟子謂大王之遷岐也，「屬其耆老而告之。」則周官所謂詢國遷者也。書堯典：「師錫帝曰：有鰥在下曰虞舜。」左僖十五年，「晉侯使郤鈌告瑕呂飴甥，且召之。子金敎之言曰：朝國人，而以君命賞。且告之曰：孤雖歸，辱社稷矣，其卜貳圉也。」昭二十四年，「晉侯使士景伯蒞問周政，士伯立於乾祭，[四] 而問於介衆。[五]」哀二十六年，「越人納衛侯，文子致衆而問焉。」則周官所謂詢立君者也。知古確有是事矣。鄉大夫之職，「大詢於衆庶，則各帥其鄉之衆寡而致於朝。」注：「鄭司農云：大詢於衆庶，洪範所謂謀及庶民。」則斯制由來甚遠。洪範所謂謀及卿士，謀及庶人，謀及卜筮者，亦必實有其法，而非虛語矣。

註 (一)禮記緇衣正義。(二)卿大夫。(三)府史。(四)王城北門。(五)介大也。

其議事之法，亦有可見者。陳懷公之朝國人也，曰：「欲與楚者左，欲與吳者右。」韓非子外儲說：「齊桓公將立管仲，令羣臣曰：寡人將立管仲為仲父。善者入門而左，不善者入門而右。」此猶今之議院，可否者各自一門出也。洪範「七稽疑。乃建立卜筮人，三人占，則從二人之言。汝則有大疑，謀及乃心，謀及卿士，謀及庶人，謀及卜筮。汝則從，龜從，筮從，卿士從，庶民從，是之謂大同。身其康彊，子孫其逢，吉。汝則從，龜從，筮從，卿士逆，庶民逆，吉。卿士從，龜從，筮從，汝則逆，庶民逆，吉。庶民從，龜從，筮從，汝則逆，卿士逆，吉。汝則從，龜從，筮逆，卿士逆，庶民逆，作內吉，作外凶。龜筮共違於人，用靜吉，用作凶。」公羊桓公二年，蔡侯鄭伯會於鄧。離不言會，此其言會何？蓋鄧與會爾。注：「二國會曰離。二人議，各是其所是，非其所非。所道不同。不能決事，定是非，立善惡。

不足采取，故謂之離會。時因鄧都，得與鄧會。自三國以上言會者，重其少從多也。能決事，定是非，立善惡。尙書曰；三人議，則從二人之言。蓋取諸此。」又僖公三十一年，夏，四月，四卜郊，不從，乃免牲。猶三望。曷爲或言三卜，或言四卜？三卜禮也，四卜非禮也。三卜何以禮？四卜何以非禮？曰求吉之道三。」注：「三卜，吉凶必有相奇者。可以決疑，故求吉必三卜。」此皆多數議決之法也。

韓非子內儲說：「魯哀公問於孔子曰：鄙諺曰：莫衆而迷。今寡人舉事，與羣臣慮之，而國愈亂，其故何也？孔子對曰：明主之問臣，一人知之，一人不知也。如是者，明主在上，羣臣直議於下。今羣臣無不一辭同軌乎季孫者。舉魯國盡化爲一，君雖問境內之人，猶不免於亂也。一曰：晏嬰子聘魯，哀公問曰：語曰：莫三人而迷。今寡人與一國慮之，魯不免於亂，何也？晏子曰：古之所謂莫三人而迷者，一人失之，二人得之，三人足以爲衆矣。故曰莫三人而迷。今魯國之羣臣，以千百數，一言於季氏之私。人數非不衆，所言者一人也。安得三哉？」又曰：「張儀欲以秦韓與魏之勢伐齊荆，而惠施欲以齊荆偃兵。二人爭之。羣臣左右，皆爲張子言，而以攻齊荆爲利，而莫爲惠子言。王果聽張子，而以惠子言爲不可，攻齊荆事已定。惠子入見。王曰：先生毋言矣。攻齊荆之事果利矣。一國盡以爲然，惠子因說：不可不察也。夫齊荆之事也。誠利，一國盡以爲利，是何智者之衆也？攻齊荆之事誠不利，一國盡以爲利，何愚者之衆也？凡謀者疑也。

疑也者，誠疑，以爲可者半，以爲不可者半。今一國盡以爲可，是王亡半也。刼主者，固亡其半者也。」案今人恆言，多數不免於愚。其實非愚之爲患，而不能公之爲患，苟人人本其大公至正之心以議事，未有合多數而成衆愚者也。何則？愚人而宅心公正，則經智者之譬曉，必能舍己而從之矣，經智者之譬曉而猶不悟，此爲下愚之不移。下愚與上智。在羣中同居少數，必不至如其意以決議也。然則民主政體之難行，實非識不足之爲患，而道德不足之爲患，風氣誠樸之世，率有衆斷之遺迹存焉。誠樸愈漓，則專制之威愈甚。其故可深長思矣。

子申，公子成以申息之師救蔡。禦諸桑隧。趙同趙括欲戰，請於武子。武子將許之。知莊子，范文子，韓獻子諫，乃還。於是軍師之欲戰者衆。或謂欒武子曰。聖人與衆同欲，是以濟事。子盍從衆？子爲大政，將酌於民者也。子之佐十一人，其不欲戰者，三人而已。欲戰者，可謂衆矣。商書曰：三人占，從二人，衆故也。武子曰：善鈞從衆。夫善，衆之主也。三卿爲主，可謂衆矣。從之，不亦可乎？」此別是一理。雖未必非，然實失從衆之意矣。

古代采取輿論之事甚多。但用否之權，仍操諸上，不如議會之有定法耳。管子桓公問：「齊桓公問管子曰：吾念有而勿失，得而勿忘，爲之有道乎？對曰：勿創勿作，時至而隨。毋以私好惡害公正。察民所惡，以自爲戒。黃帝立明臺之議者，上觀於賢也。堯有衢室之問者，下聽於人也。舜有告善之旌，而主不蔽也。禹立諫鼓於朝，而備訊唉。湯有總街之庭，以觀人誹也。武王有靈臺之復，而賢者進也。此古聖帝明王，所以有而勿失，得而勿忘者也。桓公曰：吾欲效而爲之，其名云何？對曰：名曰嘖室之議。曰：法簡而易行，刑審而不犯，事約而易從，求寡而易足。人有非上之所過，謂之正士。內於嘖室之議。有司執事者，咸以厥事奉職而不忘爲。此嘖室之事也。請以東郭牙爲之。此人能以正事爭於君前者也。桓公曰：善。」此似納諫進賢等事，皆該括焉。左襄三十年，「鄭人游于鄉校，以論執政。然明謂子產曰：毀鄉校何如？子產曰：何爲？夫人朝夕退而游焉，以議執政之善否。其所善者，吾則行之。其所惡者，吾則改之。是吾師也。若之何毀之？」此則察衆論之從違，以定政令之行止者也。

註㊂孟子曰：「國人皆曰可殺，然後察之。見可殺焉，然後殺之。」王制曰：「疑獄，汜與衆共之。衆疑，赦之。」則古時刑獄，亦有采取輿論之法。但未知其法如何耳。

立君爲民，而國非君主一人所私有，此理本古人所深知。呂覽曰：「凡人之性，爪牙不足以自守衞，肌膚不足以扞寒暑，筋骨不足以從利辟害，勇敢不足以卻猛禁悍，然且猶裁萬物，制禽獸，寒暑燥溼弗能害，不惟先有其備而以羣聚邪？羣之可聚也，相與利之也。利之出於羣也，君道立也。自上世以來，天下亡國多矣。而君道不廢者，天下之利也。四方之無君者，其民少者使長，長者畏壯，有力者賢，暴傲者尊，日夜相殘，無時休息，以盡其類。聖人深見此患也，故爲天下長慮，莫如置天子也，爲一國長慮，莫如置君也。置君，非以阿君也；置天子非以阿天子也；置官長，非所以阿官長也；德衰世亂，然後天子利天下，國君利國，官長利官。此國所以遞興遞廢也，亂難所以時作也」。此等議論，古書中不可勝舉。如是，其視誅鋤暴君，自爲當然之事。其言之尤痛快者，莫如淮南子。淮南子曰：「聖人之用兵也，若櫛髮耨苗，所去者少，而所利者多。殺無罪之民，而養無義之君，害莫大焉。殫天下之財，而澹一人之欲。禍莫深焉。使夏桀殷紂，有害於民，而立被其患，不至於爲炮烙。晉厲宋康，行一不義，而身死國亡，不至於侵奪爲暴。此四君者，皆有小過而莫之討也，故至於攘天下，害百姓；肆一人之邪，而長海內之禍。此大倫之所不取也。所爲立君者，以禁暴討亂也。今乘萬民之力，而反爲殘賊，是爲虎傳翼，曷爲弗除？夫畜池魚者必去猵獺，養禽獸者必去豺狼，又況治人乎？」[三]其言之可謂深切著明矣。古之賢君，亦頗有能知此義者。左文十三年，「邾文公卜遷於繹。史曰：利於民而不利於君。邾子曰：苟利於民，孤之利也。天生民而樹之君，以利之也。民既利矣，孤必與焉。左右曰：命可長也，君何弗爲？邾子曰：命在養民。死之短長，時也。民苟利矣，遷也，吉莫如之；遂遷於繹。」說苑至公篇載南宮邊子之言曰：「昔周成王之卜居成周也，其命龜曰：予一人兼有天下，辟就百姓，敢無中土乎？使予有罪，則四方伐之，無難得也。周公卜居曲阜，其命龜曰：作邑乎山之陽，賢則茂昌，不賢則速亡。季孫行父之戒其子也，曰：吾欲室之挾於兩社之間也。使吾後世有不能

事上者，其替益速。」此等，疑古者或將指爲後人所傳會。然當時既有此理，固不容謂爲君長者必不之知也。[四]

註 (一)恃君覽。(二)如管子君臣，商君修權，議論皆與此篇相出入。(三)兵略訓。(四)儒家發揮民貴君輕之義最力者爲孟子。其說，皆孔門成說也。見附錄。

國非君主所私有，秦漢之際，其義尚明。至公篇又曰：「秦始皇帝既吞天下，乃召羣臣而議曰：古者五帝禪賢，三王世繼，孰是？將爲之，博士七十人未對。鮑白令之對曰：天下官則讓賢是也，天下家則世繼是也。故五帝以天下爲官，三王以天下爲家。秦始皇帝仰天而歎曰：吾德出于五帝，吾將官天下。誰可使代我後者。鮑白令之對曰：陛下行桀紂之道，欲爲五帝之禪？非陛下所能行也。秦始皇帝大怒曰：令之前。若何以言我行桀紂之道也，趣說之。不解則死。令之對曰：臣請說之。陛下桀臺干雲。宮殿五里。建千石之鍾，萬石之虡。婦女連百，倡優累千。興作驪山，宮室至雍，相繼不絕。所以自奉者，殫天下，竭民力。偏駮自私，不能以及人。陛下所謂自營僅存之主也，何暇比德五帝，欲官天下哉？始皇闇然，無以應之。面有慙色。久之曰：令之之言。乃令衆醜我。遂罷謀，無禪意也。」此或後人之寓言。然睦孟推春秋之意，謂「漢帝宜誰差天下，求索賢人，禪以帝位，而退自封百里。」蓋寬饒引韓氏易傳言：「五帝官天下，三王家天下。家以傳子，官以傳賢。若四時之運，功成者去。不得其人，則不居其位。」則事實矣。漢高祖滅項羽。諸侯及將相，共請尊爲皇帝。高祖曰：「吾聞帝，賢者有也。空言虛語，非所守也。吾不敢當帝位。㈡」文帝元年，有司請立太子。「上曰：朕既不德，上帝神明未歆享；天下人民，未有嗛志。今縱不能博求天下賢聖有德之人，而禪天下焉，而曰：豫建太子，是重吾不德也。謂天下何？㈢」此等詔令，後世絕不聞矣。亦足覘社會思想之變遷也。

註

㈠俱見漢書本傳。

㈡此言甚實，乃說高祖之言，非後世文飾之辭比也。

㈢皆見史記本紀。

立君爲民之義，其亡於東西漢之際乎？眭孟之說，出自春秋。寬饒有言。徵之易傳。足徵今學昌明之世，立君爲民之義，爲儒生所共知，非世主所能諱。迨王莽謀篡，乃僞造圖讖，傳以經說，名之曰緯。如圖讖之說，則一姓之興，皆由天命，徵以禎祥。傳世久遠，亦皆前定，由於歷數。無復「天視自我民視，天聽自我民聽；」「惟命不於常，道善則得之，不善則失之」之意。自此以後，居帝位者，遂侈然自以爲當然矣。豈非思想之一大轉變乎？

無政府之說，中國無之。老子謂「大道廢，有仁義。慧智出，有大僞。」「絕聖棄智，民利百倍。絕仁棄義，民復孝慈。絕巧棄利，盜賊無有。」莊子謂「民有常性。至德之世，其行塡塡，其視顚顚。同乎無知，其德不離。同乎無欲，是謂素樸。素樸而民性得矣。及至聖人。蹩躠爲仁，踶跂爲義，而天下始疑矣。澶漫爲樂，摘僻爲禮，而天下始分矣。純樸不殘，孰爲犧尊？白玉不毀，孰爲珪璋？道德不廢，安取仁義？性情不離，安用禮樂？夫殘樸以爲器，工匠之罪也。毀道德以爲仁義，聖人之過也。」似有有政府不如無政府之意。然此仍是「天下皆知美之爲美，斯惡矣，皆知善之爲善，斯不善矣」之旨。欲使治天下者，謹守無爲之敎，還風俗於純樸。非謂旣有政治，可一旦撤去之，而還於無政治也。有政治而復還於無政治，姑無論其可不可，試先問其能不能。老莊卽愚人，豈至於是？故以老莊之說，附會今之無政府之說者繆也。至以許行之言，附會今之無政府，則其說尤繆。陳相謂「從許子之道，則市賈不貳，國中無僞。雖使五尺之童適市，莫之或欺。布帛長短同，則賈相若。麻縷絲絮輕重同，則賈相若。五穀多寡同，則賈相若。屨大小同，則賈相若。」苟無政府，試問誰爲釐定其賈，責其遵守乎？彼謂「賢者與民竝耕而食，饔飧而治，」乃謂不剝民以自奉，非謂無君也。不然，又安有所謂賢者，以別於所與竝耕之民乎？許行之說，蓋古農家之言。其所欲取法者，乃極簡陋之世。雖簡陋，仍有政府，初非今克魯泡特金等之說也。後世誦法老莊，以爲有君不如無君者，爲晉之鮑敬言。其說，見於抱朴子之詰鮑篇。殊粗淺不足觀。然亦謂後世有君之時，不如上古無君之世，非謂既有君，仍可去之也。(二)

註 (一)馬蹄。(二)鮑氏說雖粗淺，葛洪詰鮑之言，却頗有理致。其言曰：「遠古質樸，蓋其未變。譬夫嬰孩，智慧未萌。非爲知而不爲，欲而忍之。」又曰：「若令上世，人如木石；玄冰結而不寒，穀糧絕而不饑，可也。衣食之情，苟在其心，則所爭豈必金玉？所競豈必榮位？橡芋可以生鬥訟，藜藿足用致侵奪矣。夫有欲之性，萌於受氣之初。厚己之情，著於成形之日。殘殺并兼，起於自然。必也不亂，其理何居？」於世風之不可返，古代之未必勝於後世，言之鑿鑿，與今進化之說，若合符節焉。大抵進化之說，皆就一端而言。若合全體觀之，則世事祇有變遷，更無所謂進退。且如今日，民權之說既張，平等之義亦著：迴視疇昔，則君主威權無限，社會階級不平，謂其大不如今可也。然昔日風氣，確較誠樸，今則巧詐益滋矣。則謂今不如昔亦可也。故管子謂「古者智者詐愚；強者陵弱；老幼孤獨，不得其所，故智者假衆力以禁強虐而暴人止，爲民興利除害，正民之德，而民師之。」以爲無君之世，不如有君可也。老莊謂「聖人不死，大盜不止；剖斗折衡，而民不爭，」則有君之世，反不如無君亦可也。各就一端言之也。夫言豈一端而已夫各有所當也。○管子之說，見君臣篇。

以天下爲一人所私有，蓋從古未有此說。然君主之權，既莫爲之限制，則其不免據天下以自私，亦勢所必至也。積之久而其弊大著，乃有起而矯正之者，是爲黃梨洲。明夷待訪錄原君篇，曰：「有生之初，人各自私也，人各自利也，天下有公利而莫或興之，有公害而莫或除之。有人者出，不以一己之利爲利，而使天下受其利；不以一己之害爲害，而使天下釋其害。此其人之勤勞，必千萬於天下之人。夫以千萬倍之勤勞，而己又不享其利，必非天下之人情所欲居也。故古之人君，量而不欲入者，許由，務光是也。入而又去之者，堯舜是也。初不欲入而不得去者，禹是也。豈古之人有所異哉？好逸惡勞，亦猶夫人之情也。後之爲人君者不然，以爲天下利害之權，皆出於我。我以天下之利，盡歸於己，以天下之害，盡歸於人，亦無不可。使天下之人，不敢自私，不敢自利，以我之大私，爲天下之公。始而慙焉，久而安焉，視天下爲莫大之產業，傳之子孫，受享無窮。漢高帝所謂某業所就，孰與仲多者，其逐利之情，不覺溢之於辭矣。此無他。古者以天下爲主，君爲客；凡君之所畢世而經營者，爲天下也。今也以君爲主，天下爲客；凡天下之無地而得安寧者，爲君也。是以其未得之也，屠毒天下之肝腦，離散天下之子女，以博我一人之產業。曾不慘然曰：我固爲子孫創業也。其既得之也，敲剝天下之骨髓，離散天下之子女，以奉我一人之淫樂，視爲當然。曰：此我產業之花息也。然則爲天下之大害者，君而已矣。向使無君，人各得自私也，人各得自利也。嗚呼！豈設君之道，固如是乎？古者天下之人，愛戴其君，比之如父，擬之如天，誠不爲過也。今也天下之人，怨惡其君，視之如寇讎，名之爲獨夫，固其所也。而小儒規規焉，以君臣之義，無所逃於天地之間；至桀紂之暴，猶謂湯武不當誅之，而妄傳伯夷叔齊無稽之事；乃兆人萬姓崩潰之血肉，曾不異夫腐鼠？豈天地之大，於兆人萬姓之中，獨私其一人一姓乎；」原臣篇曰：「天下之大，非一人所能治，而分治之以羣工。故我之出而仕也，爲天下，非爲君也。爲萬民，非爲一姓也。世之爲臣者，昧於此義。以爲臣，爲君而設者也；君分吾以天下而後治之，君授吾以人民而後牧之。視天下人民，爲人君橐中之私物。以四方之勞擾，民生之憔悴，足以危吾君也，不得不講治之牧之之術。苟無係於社稷之存亡，則雖有誠臣，亦以爲纖芥之疾也。夫治天下，猶曳大木然。前者唱邪，後者唱許。君與臣，共曳木之人也。若手不執紼，足不履地，曳木者惟娛笑於曳木者之前，從曳木者以爲良，而曳木之職荒矣。後世驕君自恣，不以天下萬民爲事；其所求乎草野者，不過奔走服役之人。草野之應於上者，亦不出夫奔走服役。一時免於寒餓，遂感在上之知遇，不復計其禮之備與不備，躋之僕妾之間，而以爲當然。又豈知臣之與君，名異而實同邪？」其言可謂深切著明矣。大抵立論恆因乎時勢。民主政體，古代旣無其制；貴族執政，實較一人專制爲尤惡。故孔子謂「天下有道，則禮樂征伐自天子出。天下無道，則禮樂征伐，自諸侯出。自諸侯出，蓋十世希不失矣。自大夫出，五世希不失矣。陪臣執國命，三世希不失矣。」墨子欲使鄉長壹同鄉之義，國君壹同國之義，天子壹同天下之義。皆欲舉治理之權，奉諸一人。以其時分裂之弊方著，專制之害未形也。自秦以來，君權日張，至晚近而其弊大著矣。故有梨洲之論。皆時勢使然也。

註㈠論語季氏。㈡尙同。

從來北族之敗亡，無不以繼嗣之爭者。今不暇備述。試取前後漢書匈奴傳，隨、唐書突厥傳讀之，可以見其略也。今但略述蒙古之事，以見君位繼承之有定法，亦必累經進化而後能然。而吾國古代之或禪或繼，亦可以此爲借鏡，而知其所以然焉。案蒙古始祖曰孛兒帖赤那，始居斡難沐漣之源。十八傳至海都，始有汗號。海都而後，汗位闕者二世。至其曾孫哈不勒乃復稱汗。哈不勒死，其再從兄弟俺巴孩[一]繼之。蒙古與主因塔塔兒世仇。主因塔塔兒誘執俺巴孩，送之於金。金人以木驢[二]殺之。俺巴孩使告其子合答安大石，及合不勒子忽圖刺，爲之報仇。於是部人共議，立忽圖刺爲汗。秘史謂「是役也，會於豁兒豁納川。旣立忽圖刺，遂燕於大樹之下。衆達達欣喜，遶樹跳躍，蹋地成深溝。」蓋斯時選擧之儀式然也。忽圖刺死，蒙古復無共主。成吉思少時，備受同族齮齕。稍長，諸部歸嚮者漸多。始與其安答[三]札答闌[四]。札木合同牧。已而去之。諸部多從之者。源流考謂是時諸部共推成吉思爲汗，蓋以繼忽圖刺也。及漠南北平，諸部族復大會於斡難沐漣，共上成吉思汗之號。拉施特蒙古全史曰：「成，堅強也。吉思，多數也。猶契丹之稱古兒汗。古兒汗者，衆汗之汗也。」蓋卽所謂大汗也。至此，則推戴成吉思者，非徒蒙古人，而成吉思亦非但蒙古人之汗矣。五 蒙古自憲宗以前，汗位繼承，必由宗王，駙馬，萬戶，千戶等會集推戴，謂之忽烈而台六蓋其本部族之汗，及諸部族之大汗，皆本無世襲之法也。此等立君，雖曰公推，初無定法。孰可與會，旣無法律定之。孰可見推，自亦並無限制。惟就事勢言之，則所推者，總不越成吉思汗之子孫耳。斯時雖無世繼之法，而舊可汗之遺言，於新可汗之見推，甚有關係。觀俺巴孩遺命合答安大石及忽圖剌爲之報仇，而蒙人立汗，遂必於二人中擇其一可知。成吉思四子七：長曰朮赤，次曰窩濶台，次曰察合台，次曰拖雷。蒙古之俗，財產傳諸幼子。幼子謂之斡赤斤，譯言守竈。然此祇是承受產業，與汗位繼承，了無干涉。蓋一爲家事，一爲國事也。爵位等之承襲，仍以長子爲多。於此可悟古者兄弟相及之理。蓋國固利有長君：而年長者任事較久，威望亦易孚於衆也。成吉思汗之妻曰孛兒帖。嘗爲蔑兒乞所篡。成吉思結札木合等，復篡之歸。歸未久而生朮赤。諸弟皆以爲蔑兒乞種，不敬之。朮赤從成吉思西征，遂留西北不歸。實蒙古之泰伯也。成吉思之死也，遺言立窩濶臺。忽烈而台無異議。是爲太宗。太宗死，忽力而台立其子定宗。定宗病不事事。三年而殂。其子忽察，太宗孫失烈門，拖雷子蒙哥，皆覬覦汗位。然太宗後人，多不愜衆望。成吉思之分部兵於四子也，拖雷以斡赤斤故而所得獨多。功臣宿將，多隸麾下。拖雷之死，諸子皆幼。其妻唆魯禾帖尼，實主政事。唆魯禾帖尼有才略，部下皆歸心焉。宗王最有威望者，爲朮赤子拔都。唆魯禾帖尼深結之。故拔都亦欲立蒙哥。定宗死之明年，拔都召開忽立而台於阿勒台忽剌兀諸王以會議非地，多不至。明年，復會於客魯漣。唆魯禾帖尼主議，太宗及察合台後人無至者。拔都唱議立蒙哥。是爲憲宗，太宗後人謀叛。欲立失烈門。憲宗殺其黨七十人。并殺定宗可敦及其用事大臣。謫失烈門爲探馬赤。世祖之侵宋也，請於憲宗，令隨軍立功以自贖。及憲宗自將南伐，仍命投諸水，殺之。憲宗又裂太宗分地，以封其後人，賈生所謂衆建諸侯而少其力也。太宗舊部，皆易其將，所以奪其兵柄也。論者譏其失成吉思固本睦族之訓焉。

憲宗既立，使其弟忽必烈治漠南，阿里不哥治漠北。憲宗伐宋，死於合州。忽必烈方圍鄂州，遽與宋和，北歸。至開平，自立。是爲世祖。始不待忽立而台之推戴矣。阿里不哥亦自立於和林。與世祖戰，敗績。乃降。而太宗之孫海都，乘機自立。蒙古諸宗王多附之。至其子察八兒，乃來降。自海都之叛，蒙古大汗之號令，不復行於分封諸國。曠古未有之版圖，遂自此解體矣，綜觀蒙古之立君，其始也，必有足以統攝全族者，而後舉之，無其人則闕。其舉之也，上遵先君之遺命，下待輿情之允洽。選者無偏黨，無私曲，亦不聞植黨違道以求立者。誠可爲選君之模範。蓋部族小則汗位不尊，其利不足爭；而是非利害易見；其衆亦不易誑也。迨成吉思東征西討，所懾服者衆，進而爲諸部族之大汗，則其情勢非復如此，而其事亦無以善其後矣。於此可悟選君民主之法，皆易行於小國寡民；至於廣土衆民之世，則不然也，吾國之由官天下易爲家天下，得毋其理亦如此邪？

註

㊀亦海都曾孫。㊁非刑之名。㊂蒙古語。譯言交物之友。㊃部名，亦氏族名。㊄源流考巴圖蒙克七歲稱達顏汗，四十一歲又卽汗位，蓋亦始爲蒙古汗，繼爲衆部族之汗也。達顏卽大元異譯，足徵達顏汗之稱，乃繼承蒙古本族之統緒。㊅譯言大會。㊆適子。㊇翁吉剌氏。㊈地在今新疆省精河縣南。㊉今克魯倫河。

中國一君專制政體，實事勢所造成，前已言之，蓋在古昔，強陵弱，衆暴寡之燄方張，而一人專制之弊未著。故人民寗戴一最強者，以圖息肩也。逮乎後世，君主專制之治，業已情見勢絀，言政治者，宜其惡君主而欲去之矣。然凡事習之久則不覺其非。古代君權未盛之世，其事跡既多湮晦；又無他國之事，以資觀感；則思慮有所不及。卽有一二人偶得之，亦迫於勢而不敢言。此數千年來，君主專制政體，所以安若泰山也。逮乎明清之交，閹宦橫於上，流賊亂於下，生民之道既絕。淸人乘之入主，則吾國之見弱於外族者，既已四次，而全國爲所征服者且再焉。論者窮極根原，乃覺一君專制之害之大，而梨洲原君之論出焉。尙未爲多數人所注意也。適會西人東來。五口通商而後，無一事不蓄縮受侮。我國人始覺時局之大異於昔；今所謂外夷者，非復古之外夷；乃漸次加以考察。剝蕉抽繭，愈考察而愈近乎其眞。而中日戰後，時勢之亟，又迫我不得不圖改變。於是新機風發泉湧；改革之勢，如縣崖轉石，愈進愈激。圖窮而匕首見，而君主政體動搖矣[二]。

註

[一]遼，金，元，清。[二]或曰：梨洲與宋儒，同講理學。明末固有閹宦之禍，流賊之亂，然唐宦官亦不可謂不專橫；藩鎮之割據，其害亦未必減於流賊之肆擾也。遼金雖未入主中國，然夷狄之禍至此，亦前古所無矣。梨洲能發原君之論，宋儒顧大昌尊王之義者何？應之曰：宋儒之所唱者，爲尊王攘夷。攘夷，梨洲與宋儒之所同欲也。特宋儒謂必尊王乃可攘夷；梨洲則謂必明乎天下非一人所私有之義，乃可以攘夷，其所以攘夷者不同耳。蓋宋儒鑒於晚唐五代藩鎮之禍，患紀綱之不立，故主尊王。梨洲鑒於明季之敗壞，半由君主之昏庸，深知私天下於一人之弊，故有原君之論耳。

中國之大改革，始於光緒戊戌之變法。是時所欲效者，則日之陸仁，俄之彼得而已。未嘗擬議及於政體也。政變而後，康有爲設保皇黨於海外。斯時所謂新者徒，所跂望者，則德宗親政，復行新法而已。猶未及於政體也。庚子以後，人民乃知淸室之不足有爲。是時留學者日多，知外事稍浹。孫文唱道多年之革命，附和者乃漸多。梁啓超初亦主革命。後與其師康有爲論辯，折而從之。遂主君主立憲。於是革命，立憲，兩派對峙。章炳麟所主民報，梁啓超所主新民叢報爲之魁。兩派議論雖不同，其主改政體則一也。斯時在國內，主張立憲者，可以明目張膽；圖謀革命者則不然。立憲派之勢力，自較革命派爲盛。日俄戰後，時局益急。主立憲者，又謂日以立憲而勝，俄以專制而敗。議論風靡全國。內外大臣，亦有主之者。於是有派載澤等出洋考察憲政之舉。還奏，皆主立憲。疆臣又多奏請者。乃於光緒三十二年，下詔豫備立憲、從改革官制入手。三十四年，八月，定豫備之期限爲九年。溥儀立，人民請速開國會。又改其期爲五年。中國民主之義，本甚昌大。特爲事勢所遏，鬱而未發。是時遭際時會，渟焉以興。清室卽眞能立憲，亦未足厭人民之望。況其所謂立憲者，毫無眞誠；而內外官吏，借籌備立憲爲名，多所興作，擾民愈甚。主立憲者難之曰：「所以欲立憲者，以政治不善也。今將一切新政，悉行舉辦，名之曰籌備立憲。則籌備告竣時，政治旣已舉矣，尙何以立憲爲？旣知專制之不如立憲，又不肯先立憲而後舉辦庶政，其意果何居乎？」主立憲者之論如此，主革命者可知。淸室之所爲，終不足以平民氣而圖自保也審矣。而是時滿漢交惡之勢又漸熾。於是事勢益急。辛亥，八月，義師起於武昌。薄海響應，捷於桴鼓。而清社以屋，而民國以成。民國成立，可爲創數千年未有之局。然異族君主之遺孽，迄今仍未克盡除。我國民不可不深念也。初清室之退位也 民國與訂優待條件。其中第一欵，許其仍存尊號，民國以外國君主之禮待之。第二款，與以歲費四百萬。第三欵，許其暫居宮禁，日後移居頤和園。第四款，許其奉祀宗廟陵寢，民國爲之保護。第五款，民國許代完德宗崇陵工程。第六欵，宮內執事人員，許其留用。唯以後不得再招閹人。第七款，民國許保護清室私產。於清皇族，亦許仍其世爵，公私權同於民國國民，而不服兵役，且保護其私產。於旗民，許爲代籌生計。未籌定前，八旗兵弁俸饟，照舊發給。亦可謂仁至義盡矣。乃清室仍居宮禁，迄不遷移。違背條件之事，尤不一而足。民國六年，又有復辟之役。京師既復，民國本應加以澈究。徒以是時執政柄者，爲清室舊臣，自謂不忍於故君，遂忘服官民國應盡之責任，多數議員，醉心祿利，縱橫捭闔，日爭政權。國民但圖苟全生命財產，不復計綱紀順逆。無能督責政府者。清帝遂仍安居故宮，一若未犯叛逆之罪。直至十三年，馮玉祥軍入京師。國務院始與改訂優待條件。廢其尊號，令其出宮。然猶年給家用五十萬。並一次支出二百萬，開辦北京貧民工廠，儘先收容旗籍貧民。清室所占公產，歸諸民國政府，而私產仍爲其所有。彌可謂仁之至，義之盡矣。乃清遺臣寶熙等，猶責民國不守優待條件，何其悖哉？今節錄孫中山祕書處覆寶熙之函如下。於此事癥結，最爲了然。讀此函，而此事之當如何措置，不待再計矣。函云：「中山先生，以爲條件契約，義在共守。優待條件第三款，載明大清皇帝，辭位以後，暫在宮禁，日後移居頤和園。又民國三年，清皇室優待條件善後辦法第二款，載稱清皇室對於政府文書，及其他履行公權私權之文書契約，通用民國紀年，不用舊歷及舊時年號。第三欵載稱清皇帝諭告及一切賞賜，但行於宗族家庭，及其屬下人等。其於官民贈給，以物品爲限。所有賜諡及其他榮典，概行廢止。乃清室始終未踐移宮之約。於文書契約，仍沿用宣統年號。對於官吏頒給榮典賜諡等，亦復相仍弗改。是於民國元年優待條件，三年優待條件善後辦法中，清室應履行各欵，已悉行破棄。逮民國六年復辟之舉，實犯破壞國體之大眚。優待條件，至此毀棄無餘。清室已無再責民國政府踐履優待條件之理。雖清室於復辟失敗後，自承爲張勳迫脅而成。然張勳既死，清室又予以忠武之謚。是明示國人以張勳有造於清室，復辟之舉，實爲清室所樂從。綜斯數端，民國政府，於優待條件，勢難繼續履行。吾所以認十一月間攝政內閣修改優待條件。及促清室移宮之舉，按之情理法律，皆無可議」云云，其後清室善後委員會，點查清宮物品，發見清室與其遺臣密謀復辟文件。函請高等檢察廳起訴。高等檢察廳謂事在十四年一月一日赦令以前，遂爲不起訴處分。委員會復函云：「本年一月一日大赦令，其主旨，係因民窮俗偸，多陷刑辟。故曹錕一案，不在赦列。其強盜匪徒殺人等案，情節較重，亦不在赦列。陰謀復辟，非普通罪犯可比。推翻國體，罪更浮於賄選。細繹此次令旨，實無赦及屢犯不悛，進行不已，復辟犯之意。爲此仍請貴廳實行依法檢舉」云云。高等檢察廳終不聽。

附錄三皇五帝考。

言古史者必稱三皇五帝。三皇之名，不見於經。五帝則見大戴禮記；然說者猶多異辭。蓋嘗博考之。三皇之異說有六。五帝之異說有三。河圖三五歷云：「天地初立，有天皇氏。十二頭。澹泊無所施爲而俗自化。木德王。歲起攝提。兄弟十二人，立各一萬八千歲。地皇十一頭。火德王。姓十一人。興於熊耳龍門等山。亦各萬八千歲。人皇九頭。乘雲車，駕六羽，出谷口。兄弟九人，分長九州，各立城邑。凡一百五十世，合四萬五千六百年」。此三皇之說一也。史記秦始皇本紀：丞相綰等與博士議帝號曰：「

古有天皇，有地皇，有泰皇，泰皇最貴，[一]此三皇之說二也。尚書大傳以遂人，伏羲，神農爲三皇。含文嘉，[二]甄耀度，[三]白虎通正說，譙周古史考[四]並同。[五]此三皇之說三也。白虎通或說，以伏羲，神農，祝融爲三皇。此三皇之說四也。運斗樞，[六]元命苞[七]以伏羲，女媧，神農爲三皇。此三皇之說五也。尚書僞孔傳序，皇甫謐，帝王世紀，孫氏注世本，以伏羲，神農，黃帝爲三皇。[八]此三皇之說六也。大史公依世本，大戴禮，以黃帝，顓頊，高辛，唐堯，虞舜爲五帝。譙周，應劭，宋均皆同。[九]此五帝之說一也。鄭注中侯勅省圖，於黃帝，顓頊之間，增一少昊。謂德合五帝座星者爲帝，故實六人而爲五。[十]此五帝之說二也。僞孔，皇甫謐，孫氏以少昊，顓頊，高辛，唐，虞爲五帝。[十一]此五帝之說三也。案大傳云

：「遂人以火紀，火太陽，故託遂皇於天。伏羲以人事紀，故記羲皇於人。神農悉地力，種穀蔬，故託農皇於地。天，地，人之道備，而三，五之運興矣。」則三皇之說，義實取於天，地，人，猶五帝之義，取於五德迭代也。伏生者，秦博士之一。始皇本紀所謂天皇，地皇 泰皇者，蓋即大傳所謂遂皇，羲皇，農皇。[十二]河圖說雖荒怪，然其天皇，地皇，人皇之號，仍本諸此也。白虎通釋祝融之義曰：「祝者，屬也。融者，續也。言能屬續三皇之道而行之。」司馬貞補三皇本紀曰：「女媧氏代伏羲立。無革造。惟作笙簧。故易不載 不承五運。一曰：女媧 木德王。蓋伏羲之後，已經數世。金木輪環，周而復始。特舉女媧，以其功高而充三皇。」無革造及同以木德王 皆與屬續之義相關，未知自虎通意果誰主？然司馬氏之言，則必有所本也。補三皇本紀又曰：「當其末年，諸侯有共工氏，與祝融戰，不勝。而怒。乃頭觸不周山。天柱折，地維缺。女媧乃煉五色石以補天，斷鼇足以立四極」云云。〔十三〕上云祝融，下云女媧，則祝融，女媧一人。蓋今文家本有此異說。故白虎通並列之，造緯候者亦取之也。

註〔一〕司馬貞補三皇本紀。〔二〕風俗通引。〔三〕宋均注援神契引之，見曲禮正義。〔四〕曲禮正義。〔五〕惟白虎通伏羲次遂人前。〔六〕鄭注中候勅省圖引之，見曲禮正義。〔七〕文選東都賦注引。〔八〕史記五帝本紀正義。〔九〕五帝本紀正義。〔十〕曲禮正義。〔十一〕五帝本紀正義。〔十二〕索隱：「天皇，地皇之下，即云泰皇，當人皇也。」雖推測之辭，說自不誤。〔十三〕原注：「按其事出淮實六人而爲五，立說殊不可通。然實僞孔說之先河。後漢書賈逵傳：「逵奏左氏大義長於二傳者曰：五經皆言顓頊代黃帝，而堯不得爲大德。左氏以爲少昊代黃帝，卽圖讖所謂帝宣也。如令堯不得爲火，則漢不得爲赤。」此古文家於黃帝，顓頊之間，增一少昊之由。然以六爲五，於理終有未安。僞孔乃去燧人而升黃帝爲三皇，則少昊雖增，五帝仍爲五人矣。且與易繫辭取一節，始伏羲而終堯，舜者相合，此實其說之彌縫而更工者也。僞孔以三墳爲三皇之書，五典爲五帝之典，據周官外史疏，其說實本賈，鄭。增改之迹，固可徵窺。然則三皇之說，義則託於天地人：其人則或爲燧人，伏羲，神農，或爲伏羲，神農，祝融，此經師舊說也。因天地人之名，而立爲怪說者，緯侯也，五帝本無異說。古文家增一少昊，僞孔遂竝三皇而易其人。異說雖多，固可窮其源以治其流矣。

問曰：三皇五帝之義，及其人之爲誰某，則既聞之矣。敢問舊有此說邪？抑亦儒家所創也？應之曰：三皇五帝之名，舊有之矣。或以爲天地人之道備，而三五之運興之義，葢家儒所創也。周官：「都宗人，掌都宗祀之禮。凡都祭祀，致福於國。」注：「都或有山川及因國無主九皇，六十四民之祀。」疏：「史記伏羲以前九皇六十四民，竝是上古無名號之君，絕世無後，今宜主祭之也。」按注以因國無主之祀，釋周官之都宗人，蓋是？以九皇六十四民，說周因國無主之祭，則非也。九皇六十四民，見春秋繁露三代改制質文篇，其說：存二王之後，以大國，與已並稱三王。自此以前爲五帝，錄其後以小國。又其前爲九皇，其後爲坿庸，又其前爲民，所謂六十四民也。其說有三王九皇而無三皇。周官「外史，掌三皇五帝之書，」伏羲者，三皇之一。疏引史記，[二]云伏羲以前，明在三皇五帝之前，其說必不可合。鄭蓋但知周官都宗人所祀，與繁露九皇六十四民，並是絕世無名號之君，遂引彼注此，[三]疏亦未知二說之不可合，謂史記所云伏羲以前上古無名號之君，卽鄭所云九皇六十四民，遂引以疏鄭也。史記封禪書：「管仲曰：古者封泰山，禪梁父者七十二家。」又曰：「孔子論述六藝，傳略言易姓而王，封泰山，禪梁父者，七十餘王矣。其俎豆之禮不章。」而韓詩外傳曰：「孔子升泰山，觀易姓而王，可得而數者，七十餘人，不得而數者萬數也[四]。」萬蓋以大數言之。然其數必不止七十二可知。數不止七十二。而管仲，孔子，皆以七十二言之者，蓋述周制也。七十二家，蓋周登封之所祀也。曰俎豆之禮不章，言周衰，不復能封禪，故其禮不可考也。春秋立新王之事，不純法古制，然損益必有所因。因國無主之祭，及於遠古有功德於民之人，忠厚之至也。蓋孔子之所因也。然不能無損益。王制者，孔子所損益三代之制也[五]。王制曰：天子諸侯，祭因國之在其地而無主後者。」此周官都宗人之所掌，蓋孔子之所因也。繁露曰：「聖王生則稱天子，崩遷則存爲三王，絀滅則爲五帝，下至附庸，絀爲九皇，下極其爲民。有一謂之三代。雖絕地，廟位祝牲，猶列於郊號，宗於代宗。」絕地者，六十四民之後，封爵之所不及，故命之曰民。絕地而廟位祝牲，猶列於郊號，宗於岱宗，此蓋周登封時七十二家之祭矣。周制，蓋自勝朝上推八世，謂之三皇五帝，使外史氏掌其書，以備掌故。自此以往，則方策不存，徒於因國無主及登封之時祀之而已。其數凡七十二。合本朝爲八十一。必八十一者，九九八十一；九者，數之究；八十一者。數之究之究者也。孔子則以本朝合二代爲三王，又其上爲五帝，又其上爲九皇，又其上爲六十四民。必以本朝合二代爲三王者，所以明通三統之義也。上之爲五帝，所以視昭五端之義也。九皇之後，絀爲附庸；六十四家徒爲民，親疏之義也。此蓋孔子作新王之事，損益前代之法，春秋之大義？然此於春秋云爾。其於書，仍存周所謂三皇五帝者，以寓天地人之道備，而

三、五之運興之義。故伏生所傳，與董子所說，有不同也。古今注：「程雅問於董生曰：古何以稱三王五帝？對曰：三皇者，三才也。五帝，五常也。」三才者，天地人也。五常可以配五行。董子之言，與伏生若合符節。故知三皇五帝為書說，三王、五帝，九皇、六十四民為春秋義也。[六]

【註】㊀周官雖戰國時書，然所述必多周舊制。㊁史記為史籍之通稱。今之史記，古稱太史公書。漢東觀所續，猶稱史記。蓋未有專名，故以通名稱之也。此疏所引史記，不知何書。然必南北朝舊疏，其說必有所本也。㊂鄭注好牽合，往往如此。㊃封禪書正義引。今本無之。然書序疏及補三皇本紀，並有此語，乃今本佚奪，非張氏誤引也。㊄王制多存諸經之傳，如說巡守禮為堯典之傳是也。皆孔門六經之義，非古制。鄭以其與周官不合，多曲說

爲殷制，大非。(六)或曰：繁露謂「湯受命而王，親夏，故虞，絀唐，謂之帝堯，以神農爲赤帝。周以軒轅爲黃帝。因存帝顓頊，帝嚳，帝堯之帝號，絀虞而號舜曰帝舜推神農以爲九皇。」明九皇六十四民，爲周時制也。應之曰：此古人言語與今人不同，其意謂以殷周之事言之當如此，非謂殷周時實然也。或曰：管子曰：「古者封泰山，禪梁父者七十二家，夷吾所記，十有二焉。」下歷舉無懷，伏羲，神農，炎帝，黃帝，顓頊，帝嚳，堯，舜，禹，湯，周成王之名，凡十二家。明三皇五帝，即在七十二家之中。應之曰：此亦古今言語不同。上云七十二家，乃極言其多。下云十二家，則更端歷舉所能記者，不蒙上七十二家言。此以今人語法言之爲不可通，然古人語自如是，多讀古書者自知之也。莊子胠篋篇，列古帝王稱號，有容成氏，大庭氏，伯皇氏，中央氏，栗陸氏，驪連氏，軒轅氏，赫胥氏，尊盧氏，祝融氏，多在三皇以前。古人同號者甚多。大庭氏不必即神農，軒轅，祝融，亦不必即黃帝，女媧也。禮記祭法正義引春秋命歷序：「炎帝號曰大庭氏，傳八世，合五百二十歲。黃帝，一曰帝軒轅。傳十世，二千五百二十歲。次曰帝宣，曰少昊，一曰金天氏，則窮桑氏，傳八世，五百歲。次曰顓頊，則高陽氏，傳二十世，三百五十歲。次是帝嚳，即高辛氏，傳十世，四百歲。」又曲禮正義：「六藝論云：燧人至伏羲，一百八十七代。宋均注文耀鉤云：女媧以下至神農，七十二姓。譙周以爲伏羲以次有三姓，始至女媧。女媧之後五十姓至神農，神農至炎帝，一百三十三姓。」說雖怪迂，然三皇五帝，不必身相接，則大略可知，亦足爲韓詩不得而數者萬數作佐證也。〇二千五百二十歲之二，閩本宋本作一。

附錄廣疑古篇。

劉子玄疑古之說，後儒多訾之，此未有史識者也。彼衆人不知，則其論事，恒以大爲小。今有十室之邑，醵資而爲社，舉一人主其事，意有不樂，褰裳去之可也。假爲千室之邑，則其去之，有不若是其易者矣。受任於敗軍之際，奉命於危難之間，拂衣而去，在一人誠釋重負。然坐視繼任之無人，而國事遂至敗壞，衆民無所託命，必有蹙然不安者。古之居高位，當重任者，曷嘗不思息仔肩？然終不得去者？固未必無貪戀權力，沈溺富貴之私。然念責任不得遽卸，不忍脫然而去，以壞大局，其情亦必有之；厚薄不同而已。非如世俗所測度；徒據高位，貪厚祿而不肯去；苟肯棄高位，舍厚祿，即無不可去，無不得去也。彼世俗之見，亦適成其爲世俗之見而已。儒者之稱堯舜禪讓，而譏後世篡奪，將毋同？

子玄曰：「魏文帝曰：舜禹之事，吾知之矣。漢景帝曰：學者無言湯武受命不爲愚。斯並曩賢精鑑，已有先覺。而拘於禮法，限以師訓，雖口不能言，而心知其不可者，蓋亦多矣。」夫書傳無說，而吾以意度，以爲必然。書傳有說，而吾以意度，以爲必不然。此學者之所深訾，亦恆情之所不服。然天下事固有意度未必非，左證完具，未必是者。今謂自有地球，則天無二日，書傳無徵也。謂古者十日竝出，則傳有其辭矣。二者果孰是乎？蓋治社會科學者，其視人之行爲與物同。今夫無生之物，其變動，最易逆測者也。植物動物，猶可逆測也。惟人則不然。雖甚聖智，不能必得之於至愚者矣。雖然，人人而觀之，其舉動殆不可測。而合全社會而觀之，則仍有其必至之符。儒夫見弱，稽顙搏頰，壯士則有不膚撓不目逃者。其勇怯之相去，若莛與楹。國民則未有見侮而不鬥者也。且卽人人而觀之，其度量之相越，亦自有其限界，不能一爲神而一爲禽也。宋之田舍翁，其雄略，孰與唐之太宗？然宋太祖與唐太宗，則相去初不甚遠。明之賣菜傭，其智力，孰與漢之鄭康成？然以顧亭林與鄭康成比，則度長絜大，殆有過之，謂古今人不相及，姑以是砭末俗而寄其思古之情，則可矣。以是爲實，殆不然也。然則謂後世惟有王莽，曹操，司馬懿，劉裕，楊堅，李淵，朱溫，趙匡胤，古獨有堯，舜，禹，湯，文，武，無有是處。

註

(一)案汲冢紀年，明係僞物。其所以爲僞，殆亦因口不能言，而託之於古與？子玄疑古，皆據汲冢書及山海經。此皆僞物，不足據。亦其所以不見信於世也。百家之言堯，舜，湯，武者多矣。非儒之於儒，猶儒之於非儒也。舉其說，猶不足以服儒家之心。今試以儒攻儒。則其可疑者，亦有五焉：

書曰：「無若丹朱傲，惟慢遊是好，傲虐是作。罔晝夜頟頟。罔水行舟。朋淫于家。用殄厥世。」釋文：「傲字又作奡。」說文奡下引「虞書，若丹朱奡。又引論語。奡盪舟。」俞理初癸巳類稿曰：「奡與丹朱，各爲一人，皆是堯子。莊子盜跖篇曰：堯殺長子。釋文引崔云：長子考監明。又韓非子說疑篇云：記曰：堯誅丹朱。堯時書稱允子朱，史稱嗣子丹朱。朱至虞時封丹，則堯未誅丹朱。又據呂氏春秋去私篇云：堯有子十人，高誘注云：孟子言九男事舜，而此云十子，殆丹朱爲胤子，不在數中。其說蓋未詳考。呂氏求人篇云：妻以二女，臣以十子。呂氏實連丹朱數之，而孟子止言九男；淮南泰族訓亦云：堯屬舜以九子。合五書，知堯失一子。書又云殄厥世。是堯十子必絕其一，而又必非丹朱也。管子宙合篇云：若覺臥，若晦明，若敖之在堯也。卽史記夏本紀若丹朱，敖，漢書楚元王傳劉向引書無若丹朱敖之敖，房喬注云：敖，堯子丹朱。謂取敖名朱，若舉其謚者，尤不成辭。案說文言丹朱，奡，記語已偏舉奡：司馬遷劉向言丹朱，敖，管子已偏舉敖，則奡與朱各爲一人，有三代古文爲證，無疑也。漢書鄒陽傳云：不合則骨肉爲仇敵，朱，象，管，蔡是已。漢初必有師說。朱與奡以傲虐朋淫相惡，亦無疑也。故經曰奡頟頟，罔水行舟，則論語云奡盪舟也。經曰奡朋淫於家，則鄒陽云骨肉爲仇敵也。經曰奡殄厥世，則論語云不得其死。孟子，呂氏，淮南十子，九男之不同；莊子言殺長子；韓非子言誅丹朱，皆可明其傳聞不同之故，又得管子，論語偏舉之文，定知言㚖者不是丹朱矣。」予案㚖能罔水行舟，則其人必有勇力。似與舜抗而不勝，而堯其餘九男，乃往事舜者，此可疑者一也。

註

㈠趙耘崧陔餘叢考曰：「羿善射，夏盪舟，解以有窮后羿及寒浞之子，其說始於孔安國，而朱汪因之。寒浞之子名澆，左傳並不言㚖。澆之盪舟，不見所出。陸德明音義，於丹朱傲云，字又作㚖。宋人吳斗南，因悟卽此盪舟之㚖，與丹朱爲兩人。蓋禹之規戒，若但作傲慢之傲，則既云無若丹朱傲矣，何必又曰傲虐是作乎？以此知丹朱與㚖爲兩人也。曰罔水行舟。正此陸地行舟之明證也。曰明淫于家，則丹朱與㚖二人同淫樂也。吳氏之說，眞可謂鐵板注脚矣。」

太史公曰：「夫學者載籍極博，猶考信於六藝。詩書雖缺，然虞夏之文可知也。堯將遜位，讓於虞舜；舜禹之間，岳牧咸薦。乃試之於位。典職數十年，功用既興，然後授政。示天下重器；王者大統，傳天下若斯之難也。而說者曰：堯讓天下於許由，許由不受，恥之，逃隱；及夏之時，有卞隨，務光者，此何以稱焉？太史公曰：余登箕山，其上蓋有許由冢云。孔子序列古之仁聖賢人，如吳太伯，伯夷之倫，詳矣。余以所聞，由光義至高，其文辭不少概見，何哉？」史公此文，蓋深慨載籍所傳之說，與書義不符，欲考信而無從也。案宋于庭尚書略說曰：「周禮疏序引鄭尚書注云：四岳，四時之官，主四岳之事。始羲和之時，主四岳者，謂之四伯。至其死，分岳事置八伯。皆王官。其八伯，惟驩兜。共工，放齊，鯀四人而已。其餘四人，無文可知矣。案上文羲和四子，分掌四時，卽是四岳，故云四時之官也。云八伯者？尙書大傳稱陽伯，儀伯，夏伯，羲伯，秋伯，和伯，冬伯，其一闕焉。鄭注以陽伯爲伯夷掌之，夏伯棄掌之，秋伯咎繇掌之。冬伯垂掌之，餘則羲和仲叔之後。堯典注言驩兜四人者；鄭以大傳所言，在舜卽眞之年，此在堯時，當別自有人，而經無所見，故舉四人例之。案唐虞四岳有三：其始爲羲和之四子，爲四伯。其後共驩等，爲八伯。其後伯夷諸人爲之。白虎通王者不臣篇：先王老臣不名。親與先王戮力，共治國，同功於天下，故尊而不名也。尙書曰咨爾伯，不言名也。案班氏說尙書，知伯夷逮事堯，故居八伯之首，而稱太岳。春秋左氏隱十一年，夫許，太岳之胤也。申，呂，齊，許同祖，故呂侯訓刑，稱伯夷，禹，稷爲三后。知太岳定是伯夷也。墨子所染篇，呂氏春秋當染篇並云：舜染於許由，伯陽。由與夷，夷與陽，並聲之轉。大傳之陽伯，墨呂之許由，伯陽，與書之伯夷，正是一人，伯夷封許，故曰許由。史記堯天下於許由，正傳會咨四岳巽朕位之語。百家之言，自有所出。周語太子晉稱共之從孫四岳佐禹。又云：胙四岳國，命爲侯伯，賜姓曰姜，氏曰有呂。史記齊大公世家云：呂尙，其先祖嘗爲四岳。佐禹平水土。虞，夏之際，封於呂，姓姜氏。此云四岳，皆指伯夷。蓋伯夷稱太岳，遂號爲四岳。其實四岳非伯一人也。據此，則孔子於許由，未嘗無辭，史公偶未悟耳。而如宋氏之說，則四岳之三，卽在四罪之中，豈不可駭？又神農姜姓，黃帝姬姓。史記五帝本紀謂黃帝與炎帝戰於阪泉之野，又謂黃帝與蚩尤戰於涿鹿之野。其實阪泉，涿鹿，卽是一役；蚩尤，炎帝，正是一人。予別有考。自黃帝滅炎帝後，至於周，有天下者，皆黃帝之子孫。而共工，三苗，則皆姜姓也。伯夷雖得免患，卒亦不能踐大位。唐，虞之際，其殆姬姜之爭乎？此可疑者二也。

小戴記檀弓：「舜葬於蒼梧之野。」各書皆同。惟孟子謂「舜生於諸馮，遷於負夏，卒於鳴條。」未知何據。案史記五帝本記「舜耕歷山，漁雷澤，陶河濱；作什器於壽丘，就時於負夏。」索隱引尚書大傳：「販於頓丘。就時負夏。」則史公，孟子，同用今文書說。史記下文又云：「南巡狩。崩於蒼梧之野，葬於江南九疑，是爲零陵。」蓋又一說也？古衡山，或以爲在今湖南，或謂實今安徽之霍山。竊疑古代命山，所苞甚廣。衡霍峯嶺相接，實通名爲衡山。衡者，對從而言，以其脈東西綿亘而名之也。而唐虞之世，所祀爲南嶽主峯者，則實爲今之霍山；何者？禹會諸侯於塗山，又會諸侯於會稽，皆在淮南北浙東西之地。而三苗之國，衡山在南，岐山在北，至禹時猶勤兵力以征之，舜末必能巡守至此也，自秦以前，戡定天下者，皆成功於今安徽。桀奔鳴條；武庚之叛，淮夷徐戎並興；楚之亡亦遷壽春是也。竊疑舜卒於鳴條，實近當時之南嶽。後人誤以唐，虞時南嶽，亦今衡山，乃並舜之葬處，而移之零陵耳。然無論其爲鳴條，爲蒼梧，其有敗逋之嫌則一。鳴條桀之所放，蒼梧，九疑，則近乎舜放象之有庳矣。果其雍容揖讓，何爲而至於此乎？此可疑者三也。

史記秦本紀：「秦之先，帝顓頊之苗裔孫，曰女脩。女脩織，玄鳥隕卵。女脩吞之。生子大業。大業取少典之子，曰女華。女華生大費。與禹平水土。已成，帝錫玄圭。禹受。曰：非予能成，亦大費爲輔。帝舜曰：咨爾費。贊禹功。其賜爾早游。爾後嗣將大出。乃妻之姚姓之玉女。大費拜受。佐舜調馴鳥獸，鳥獸多馴服。是爲柏翳。正義：「列女傳云：陶子生五歲而佐禹。曹大家注云：陶子者，皋陶之子伯益也。按此，即知大業是皋陶。索隱曰：「尋檢史記上下諸文，伯翳與伯益是一人不疑，而陳杞系家，即敍伯翳與伯益爲二。未知太史公疑而未決邪？抑亦繆誤耳？」案陳杞世家，敍唐虞之際，有功德之臣十一人：曰舜，曰禹，曰契，曰后稷、曰皋陶，曰伯夷，曰伯翳，曰垂，益，夔，龍，索隱曰：「秦祖伯翳。解者以翳益則爲一人。今言十一人，敍伯翳，而又別言垂，益，則是二人也。且按舜本紀敍十人，無翳，而有彭祖。彭祖亦墳典不載，未知太史公意如何？恐多是誤。然據秦本紀敍翳之功，云佐舜馴調鳥獸。與舜典命益作虞，若予上下草木鳥獸文同。則爲一人必矣。今未詳其所以。」案陳杞世家之文，蓋漏彭祖。所以敍翳，又別言益者，以垂，益，夔，龍四字爲句。雖並舉益，實但指垂。此古人行文足句之例。詳見予所撰章句論。十一人去舜得十，加十二牧，凡二十二人。五帝本紀上文云：「禹，皋陶，契，后稷，伯夷，夔，龍，垂，益，彭祖，自堯時而皆舉用，未有分職。」次云：「命十二牧。」下乃備載命禹，棄，契，皋陶，垂，益，伯夷，夔，龍之辭，而終之曰：

一嗟女二十有二人。」明二十二人，卽指十二牧及前所舉十人。特失命彭祖之辭耳。然則翳，益爲一人不疑也。夏本紀曰：「帝禹立，而舉皐陶薦之。且授政焉。而皐陶卒。而后舉益。任之政。」禹行禪讓，而所傳者反父子相繼，何邪？此可疑者四也。

孟子：「萬章問曰：人有言：至於禹而德衰，不傳於賢而傳於子。有諸？孟子曰：否不然也。天與賢，則與賢。天與子，則與子。丹朱之不肖舜之子亦不肖。舜之相堯，禹之相舜也，歷年多，施澤於民久。啓賢，能敬承繼禹之道。益之相禹也，歷年少，施澤於民未久。舜，禹，益相去久遠，其子之賢不肖，皆天也，非人之所能爲也。莫之爲而爲者，天也，莫之致而至者，命也。」辨矣。然淮南子曰：「有扈氏爲義而亡。」注：「有扈，夏啓之庶兄也。以堯。舜舉賢，禹獨與子，故伐啓。啓亡之，新序曰：「禹問伯成子高曰：昔者堯治天下，吾子立爲諸侯。堯授舜，吾子猶存焉。及吾在位，子諸辭侯而耕，何故？子高曰：昔堯之治天下：舉天下而傳之他人，至無欲也。擇賢而與之，至公也。舜亦猶然。今君之所懷者私也，百姓知之。貪爭之端，自此始矣。德自此衰，刑自此起矣。吾不忍見，是以野處也。」淮南世以爲雜家，而主於道，其實多儒家言，予別有考。今姑勿論。新序之爲儒家言，則無疑矣，而其言如此。又書甘誓序疏曰：「自堯，舜，受禪相承，啓獨見繼父，以此不服，故伐之。」義疏所本，亦必儒家言也。然則夏之世繼，儒家傳說，亦有異辭矣。得毋三王之事，或隱或顯，姑以意言之邪？其可疑者五也。

註 ㉚齊俗訓。 ㉛節士。

周公攝政，亦今古文之說不同。今文家謂武王克殷二年，天下未集，有疾，周公乃自以爲質，告於大王，王季，文王。藏其策金縢匱中。武王崩。成王少。周公恐天下聞而畔，乃踐阼，代成王。攝行政，當國。管叔及其羣弟流言於國。周公告太公望，召公奭曰：我之所以弗辟，攝行政者，恐天下畔周，無以告我先王大王，王季，文王。於是卒相成王。管，蔡，武庚等，果率淮夷而反。周公乃奉成王命，興師東伐。誅管叔，殺武庚，放蔡叔。寧淮夷東土，二年而畢定。周公歸報，成王乃爲詩詒王，命之曰鴟鴞。成王七年，成王長，能聽政。周公乃還政於成王。初成王少時，病，周公乃自揃其蚤，沈之河，以祝於神，曰：王少，未有識，奸神命者乃旦也。亦藏其策於府。成王病有瘳。及成王用事，人或譖周公。周公奔楚。成王發府，見周公禱書，乃泣，反周公。周公死，成王狐疑。欲以天子禮葬公？公人臣也。欲以人臣禮葬公？公有王功。天雷雨，禾偃，木拔。及成王寤金縢之策，改周公之葬：申命魯郊，而天立復風雨，禾盡起。古文家以爲武王崩，成王年十歲。年十二，喪畢，稱已小，求攝。周公將代之。管蔡流言。周公懼，明年，出居東國，待罪以須君之察已。周公之屬黨，與知居攝者。周公出皆奔。又明年，盡爲成王所得。周公傷其屬黨，無罪將死，恐其刑濫，又破其家，而不敢正言，乃作鴟鴞之詩以詒王。明年，有雷風之異。王乃改先時之心，更自新，以迎周公於東。周公反。則居攝之元年。時成王年十五。書傳所謂一年救亂。明年，誅武庚，管，蔡等，書傳所謂二年克殷。明年，自奄而還，書傳所謂三年踐奄。四年，封康叔，書傳所謂四年建侯衞。時成王年十八。明年，營洛邑，故書傳云五年營成周。六年制禮作樂。七年，致政成王。成王年二十一。明年，乃卽政，年二十二也[三]。案周公旣以成王幼而欲攝政，而又出居東國，待罪以須君之察己，不合情理。自當以今文說爲是。古文之說，蓋誤居東與奔楚爲一談也？周初之楚，在今丹，淅二水入漢之處[四]。文王化行江漢，實得此以震蕩中原。迨穆王南巡守不反，則自武關東南出之道絕，而王室之威靈稍替矣。左氏昭公七年，「公將適楚。夢襄公祖。梓愼曰：襄公之適楚也，夢周公祖而行。子服惠伯曰：先君未嘗適楚，故周公祖以道之。襄公適楚矣，而祖以道君。」可見周公奔楚，確有其事。此事自當如今文說，在成王親政之後。謂屬黨之執，亦在斯時，則怡然冰釋，渙然理順矣。丹浙形勝之地，周公據之，意欲何爲，殊不易測。其如何復反於周，亦不可考。發府見書之說，乃諱飾之辭，不足信也。雷風示變，因以王禮改葬，申命魯郊，其事亦殊可異。漢書匈奴列傳：「貳師在匈奴歲餘。衞律害其寵。會母閼氏病。律飭胡巫言：先單于怒曰：胡故時祠兵，常言得貳師以祠，今何故不用？於是收貳師。貳師罵曰：我死，必滅匈奴。遂屠貳師以祠。會連雨雪數月，畜產死，人民疫病，穀稼不熟。單于恐，爲貳師立祠室。」生則虐之，死又諛之，巫鬼之世，常有之矣，不足怪也。然則周公其果以功名終邪？此可疑者六也。

註

(一)史記魯世家蒙恬列傳。(二)論衡感類篇。後漢書周舉傳注引尚書洪範五行傳。(三)禮記明堂位，詩七月鴟鴞東山疏。案義疏所引，雖鄭氏一家之言。然論衡感類篇曰：「古文家以武王崩，周公居攝，管，蔡流言。王意狐疑周公。周公奔楚。故天雷雨，以悟成王。」則鄭所用，乃古文家之公言也。

(四)宋翔鳳過庭錄楚鬻熊居丹陽武王徙郢考。

此等疑竇，一一搜剔，實不知凡幾。今特就其較顯著者言之耳，然儒家所傳，是否事實，固已不能無疑。則亦無怪子玄之疑之矣。近人有孔子託古改制之說。其甚者，至謂三代以前，皆獉狉之世；堯，舜，禹，湯，文武，爲不知誰何之人；皆孔子造作，以寄其意。此亦太過。無徵不信，豈能以一手掩盡天下目邪？且孔子固曰：「我欲託之空言，不如見之行事之深切著明」矣。立說而蘄爲世之所信，固莫如即其所信而增飾之，然則儒家之言，仍是當日流傳之說；儒家特加以張皇，爲之彌縫耳。仲任謂「聖人重疑，因不復定，」其說最允矣。

註 ㈠論衡奇怪篇。

然當日雖有此流傳之說。而爲之張皇其辭，彌縫其闕者，則固儒家爲之，則亦足以考見儒家之主張矣。儒家之書言禪繼之義者，莫備於孟子萬章上篇。今試就其言考之。其第一步，實在破天下爲一人所私有之說，故曰：「天子不能以天下與人。」然則孰與之？曰：「天與之。」「天與之者，諄諄然命之乎？」曰：非也。「天視自我民視，天聽自我民聽。」故舜禹之王。必以朝覲，訟獄之歸，益之繼世亦然也。此所謂「天與賢則與賢，天與子則與子」也故曰：「唐，虞禪，夏后，殷，周繼，其義一也。」設詰之曰：德若舜禹，必天之所生，欲命以爲天子者也，而何以仲尼不有天下？則曰：「無天子薦之也。」設又詰之曰：啓，太甲，成王之德，不必如益，伊尹，周公也，而何以益，伊尹，周公不有天下？曰：「繼世而有天下，天之所廢。必若桀紂者也。」如常山蛇。擊首則尾應，擊尾則首應，其立說可謂完密矣。當時雖未能行，卒賴其說。深入於民心，而二千年後，遂成國爲民有之局。誦儒家言者，尊孔子爲制法主，宜哉。

於史事不諦，而以意爲說，不獨儒家然也。韓非子忠孝曰：「瞽叟爲舜父，而舜放之。象爲舜弟，而舜殺之。放父殺弟，不可爲仁。妻帝二女，而取天下，不可爲義，」外儲說曰：「燕王欲傳國於子之也，問之潘壽。對曰：禹愛益，而任天下於益，已而以啓人爲吏。及老，而以啓爲不足任天下，故傳天下於益。而勢重盡在啓也。已而啓與友黨攻益，而奪之天下。」舜禹曾操懿之不若矣，然五蠹篇則曰：「堯之王天下也，茅茨不翦，采椽不斲；糲粱之食，藜藿之羹；冬日麑裘，夏日葛衣；雖監門之服養，不虧於此矣。禹之王天下也，身執耒臿，以爲民先；股無胈，脛不生毛；雖臣虜之勞，不苦於此矣。以是言之，夫古之讓天子者，是去監門之養。」則說又大異。何哉？一以明讓非定位一教之道，一以明爭讓由於養之厚薄也。皆取明義而已。事之實不實，非所問也。子玄所謂「輕事重言」者也。

或曰：古之讓國者亦多矣。許由，務光，王子搜[一]等，姑勿論，其見於故書雅記者，若伯夷，叔齊，若吳泰伯，若魯隱公，若宋宣公[二]，若曹公子喜時[三]，若吳季札[四]，若邾婁叔術[五]，若楚公子啓[六]，皆是也。盍子虛邪？曰：夷齊之事，殊不近情。周大王之爲人，何其與晉獻公相類也？此外苟察其實，有一如儒家所傳，堯，舜，禹授受之事者邪？

註

㈠莊子讓王，呂覽貴生。㈡春秋隱公三年。㈢成公十六年。㈣襄公二十九年。㈤昭公三十一年。㈥哀公八年。

敬啟

『民國專題史』叢書，乃民國時期出版的著名學者、專家在某一專題領域的學術成果。所收圖書絕大部分著作權已進入公有領域，但仍有極少圖書著作權還在保護期内，需按相關要求支付著作權人或繼承人報酬。因未能全部聯系到相關著作權人，請見到此説明者及時與河南人民出版社聯系。

聯系人　楊光

聯系電話　0371-65788063

2016年3月28日